牛津非常短講 003

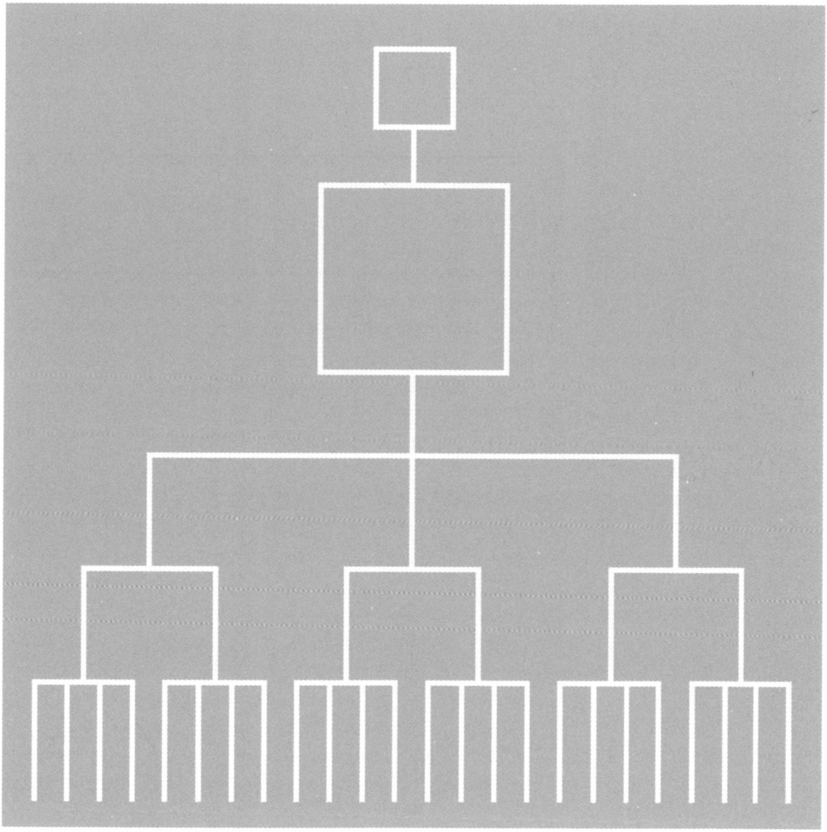

# 共產主義
# Communism

A VERY SHORT INTRODUCTION

萊斯利·荷姆斯——著
Leslie Holmes
梁文傑——譯

# 目次

＊編輯說明：本書所附隨頁註，除標示〔譯註〕外，餘為編註。

# 前言

二〇〇八年七月發生一件怪事。數十年來視共產主義為首要大敵的美國總統，居然興高采烈地和中共領導人一起出席北京奧運的開幕式。這既象徵了西方對共產主義態度的改變，也象徵了共產國家性質的改變。畢竟，共產中國已成為二十世紀末和二十一世紀初的「驚奇小子」，人人都在討論其發展模式，但它也喪失了許多人認為是共產主義應有的重要特徵。事實上，共產中國不只向世界展示了這個國家能夠年年高經濟成長，還能把部分成長所得投資到資本主義國家，包括美國。此乃近年來最大的矛盾。

本書要談的就是對比和矛盾。我們要討論一個夢想——共產主義——是如何變成許多人的惡夢，不論是史達林的恐怖統治、毛澤東的大躍進及文化大革命、波布[1]在東埔寨的大屠殺，都有數百萬人因著要打造最公平、最好的人類社會之名而遭受身心的浩劫。本書要討論一個十九世紀的理念，二十世紀有許多人想將其付諸實踐，但在實踐的過程中，原來的理念已被扭曲到信用掃地；要討論一種制度，其巔峰時曾在四個大陸統治全世界超過三分之一的人口，並威脅要摧毀西方。但這種制度最終落得驚人的失敗。在一九八〇年代末屬於共產主義的國家多數都已不復存在。在形式上，現在還有五個共產國家，其中有兩國（中國和越南）是成功的，但主要是因為他們拋棄了共產主義的基本信條，在一些重要領域（主要是經濟）已屬於後共產主義。第三個國家——寮國——還是以農業為主的國家，以共產主義的目標來說算不上成功。而寮國也和其兩大亞洲「共產」鄰國一樣進行了激進的改革，離傳統共產國家的概念越來越遠。其餘兩個國家（古巴和北韓）比較堅持原來的信條，但它們很弱小，而且兩國都可能走上資本主義道路。

然而，充滿根本矛盾和對比的不只是前共產和現存的共產國家。西方在一九九〇年代初得意地打敗共產主義後，不到二十年間也陷入自己的危機。隨著全球幾千萬人因為西方金融體系幾近崩潰而陷入經濟困境和未知，對其信心決堤，最激進市場導向的資本主義形式——新自由主義——也信譽全失。如果柏林圍牆倒塌象徵共產主義的失敗，那華爾街幾近崩潰也象徵新自由主義的失敗。從此牆到彼牆（Wall-to-Wall），衝突、危機和失敗四起！

與此同時，在二〇〇八年末亞馬遜排行榜上，最難讀的共產主義理論巨著——馬克思的《資本論》（尤其是第一卷）——居然成為暢銷書。二〇〇九年一月，墨爾本最大報《時代報》提到澳洲共產黨（一九九〇年七月取消登記）重新註冊，標題是「清理你的貝雷帽，擦亮你的胸章——共產黨正式回歸」。雖然共產主義「捲土重來」這種話不該被誇大，但人們對其理論和實踐確實重

1 波布（Pol Pot, 1925-1998），原名Saloth Sar，是柬埔寨革命家、政治人物。早年留學法國，認同共產主義思想，回國後參加反法鬥爭，一九六三年當選柬埔寨共產黨總書記，在中共協助下，一九七五年取得勝利，並於翌年改名「民主柬埔寨」，波布當選總理，直至一九九七年皆掌握紅色高棉實權。執政期間推行共產主義，期間因屠殺政敵、勞改而死亡者以百萬人計。

新產生興趣。這也是這本小書出現的理由。

這裡要先澄清幾點。第一，某些國家到底算不算共產國家是有爭議的。尤其是，很多人並不同意把一些非洲國家算在內。本書的立場比較寬鬆，我採取的是大衛・奧塔威、瑪麗娜・奧塔威、伯格丹・沙科斯基等分析家的做法。然而，本書也考慮到很多專家並不同意這種寬鬆的詮釋，例如阿奇・布朗，所以很少提到有爭議的個案。第二，為了區別共產主義理論和那些自稱是在建立共產主義的國家，本書將把這些國家稱為「共產政權」。

我要感謝四位匿名讀者對本書原初大綱和手稿的明智建議（以及更正），還要感謝牛津大學出版社團隊對整個計畫的支持，尤其是安德莉亞・凱根和艾瑪・馬錢特。但最後的錯誤、缺失和所有的看法當然要由我自己負責。最後要特別感謝我太太貝琪在本書寫作期間的支持、鼓勵和高度幽默。我欠她的比她知道的更多。

萊斯利・荷姆斯

# 第一章 共產主義理論

共產主義最常被詬病的就是理論和實踐的矛盾。雖然這在一定程度上是正確的，但也要記得，就和大多數概念一樣，共產主義理論並不是鐵板一塊。共產主義有很多種理論和變體，有些理論比其他版本更能切合實際。理論的多樣性不只是因為有很多人對共產主義這個概念貢獻過看法，也是因為它的漏洞、模糊和矛盾，甚至就連最著名理論家的作品都不例外。然而，多數共產主義理論的分析家還是有相對一致的看法。由於本書主要是討論共產主義的實踐，重點將放在共產主義理論的一些面向，從這些面向可以比較理解共產政權是如何看待世界，為什麼他們有那些行為，以及他們如何正當化自己的行為。

卡爾・馬克思（一八一八—一八八三）是今日全世界公認的共產主義之父，

雖然在他之前（聖西門：一七六〇—一八二五、傅立葉：一七七二—一八三七）和同時代（普魯東：一八〇九—一八六五）有許多共產主義理論家[1]。事實上，馬克思的主要貢獻是提出一個寬廣的理論架構來解釋世界——尤其是歷史的進程——並深度分析資本主義的性質。對共產主義實踐影響更大的是俄國革命領導人列寧（一八七〇—一九二四）及其接班人史達林（一八七八—一九五三），還有中國革命領導人毛澤東（一八九三—一九七六）。他們每個人都對共產主義理論卓有貢獻。但首先要指出的是，至少對馬克思、列寧和毛澤東來說，共產主義的吸引力來自既存體制的深刻疏離（異化），以及對更美好世界的渴望。

## 馬克思主義

今日所稱的正統馬克思主義其實是馬克思及其同志恩格斯（一八二〇—一八九五）的觀點。但由於馬克思是這段智識合作關係的主導者，所以我們將按照傳統，把即使是兩人合寫的作品也稱為馬克思主義，並把焦點放在馬克思本人。

和許多思想家一樣，馬克思也必須被放在特定時空下來理解。他出生於現在的德國——雖然他成年後大部分住在英格蘭——當時工業革命和資本主義的發展已在西歐展開。那時，是一七八九年法國大革命的餘波還在歐洲迴盪的時代，而馬克思一生中遭逢過好幾波革命浪潮，尤其是在一八三〇年、一八四八—九年和一八七一年。馬克思對這些革命相當著迷，相信自己能找出歷史發展的模式。這個模式就是：所有事件和發展都會引發反作用力，而一旦發生反作用力，又會引發另一股反作用力。所以馬克思的歷史觀是辯證的，也就是用衝突或作用力與反作用力的互動來看待歷史進程。由於他相信歷史進程有可辨的規律，許多人稱他為歷史主義者，把他的歷史觀稱為歷史唯物論。後面這一個名詞需要更多闡釋。

哲學家對現實性質的解釋常被分為唯心主義和唯物主義兩派。前者的重點

---

1 有關聖西門、傅立葉和普魯東的思想，可參見本系列《社會主義》第一章。

是「觀念」一詞。對這一派來說，我們周遭的世界乃是概念或觀念的展現，構成現實的是觀念，而不是其在世間的表現。最著名的唯心論者是德國哲學家黑格爾[2]。馬克思深受黑格爾影響，但他們對現實的看法完全不同。對馬克思來說，我們周遭的物理的——或物質的（所以稱為唯物主義）——世界就是現實，而我們的觀念和感知決定於我們和現實的關係。我們如何看待世界——如何解釋物質現實——會因為身分、時間和空間而變化。例如，一個生活在二十一世紀的紐約人對於城市的看法——有摩天大樓、高速公路、地下鐵、交通堵塞、汙染、爵士酒吧等等，一定和生活在十五世紀佛羅倫斯或古希臘雅典的人非常不同。這三個不同時代的三個城市的物質條件天差地遠，這就影響到對於城市的看法。但馬克思認為不只是時空差異會產生不同的看法，他還認為，一個人在社會中的位置會影響這個人如何看待世界。例如，工廠主對工廠的看法就和工廠工人完全不同。對工廠主來說，工廠代表個人的成就、名望和高收入。對工人來說，工廠則代表疏離、為微薄收入勞苦工作。

馬克思的唯物主義世界觀和他的歷史主義密不可分。他把兩者相結合，所以他的方法被稱為歷史唯物主義。對馬克思來說，推動歷史的力量是階級關係。他以人與生產資料的關係來定義階級；粗略地說，這表示大多數人的階級位置主要是看他是否擁有財產，尤其是可以生產財富的財產。所以在工業革命和資本主義興起前的封建社會中，最根本的階級分野是地主和為地主工作的人。隨著珍妮紡紗機、蒸氣機及其他工業革命早期發明的出現，最重要的階級分野變成了工廠主和為工廠主工作的人。馬克思稱前者為「資本家」或「資產階級」，稱後者為「無產階級」，也就是「沒有財產的人」。雖然他的階級分析要比這種簡化的描述複雜得多，但對馬克思來說，這些基本分野在以私有財產制為核心的每個時代，都將導致根本或革命性的變革。這個觀點寫在《共產黨

2 黑格爾（G. W. F. Hegel, 1770-1831）十九世紀德國哲學家。其思想方法最重要的是概念的辯證發展：把自然與精神世界描寫為絕對精神不斷變動的歷程，簡化的說法是「正—反—合」的運動，正題引起反題對其反應，反題提出對正題的否定，前兩者的緊張關係透過合題得到解決，又成為下一階段的正題……因其建立在絕對精神的唯心主義基礎，馬克思援引並批判，創立唯物辯證法。

宣言》（一八四八，這是最著名也最廣受閱讀的共產主義著作）的第一章：「至今一切社會的歷史都是階級鬥爭的歷史」。根據這個理論，階級間的緊張會隨著時間升高，最終導致革命性的變革。然而，在資本主義興起之前，他並不認為是主要剝削階級和主要被剝削階級間的緊張導致了革命性的變革，而是科學、技術和經濟變遷促成了新菁英出現，他們想奪取既有統治階級的權力。對馬克思來說，法國大革命大致上可以這樣解釋。

然而，馬克思認為他的時代和過去所有時代有兩大差異。第一，資本主義的階級結構比過往的時代要簡單，社會更清楚分為兩大階級。第二，資本主義下的階級鬥爭主要發生在資產階級和越來越疏離的無產階級之間，而不是在既有的統治階級（資產階級）和新興的菁英階級之間。他一生都堅信，兩大主要階級的緊張會升高到引爆社會主義革命。但和過去的階級革命不同，這次革命將建立由大多數人民做主的政治體制，而不像過去是由少數人或一小群菁英來做主。

但對社會主義革命之後的情況，馬克思語焉不詳。他認為，長期而言，會出現一種新形態的社會——共產主義社會——到時將不再有統治階級和疏離。事實上，這種終極的社會也不再有政治這種東西，不再需要國家，國家將會「消亡」。「對人的統治」將改為「對物的管理」。但在社會主義革命之後到終極階段來臨之前，會有一個短暫或過渡階段的「無產階級專政」的國家。馬克思的意思是什麼並不是很清楚，他在所有著作中只用過這個名詞兩次，從來沒有詳細說明。但他深受法國巴黎公社（一八七一）[3]的短命實驗影響，認為這場實驗有許多特點預示了無產階級專政的樣貌，包括一般勞工如何運用權力以成為新的統治階級。

3 巴黎公社（Paris Commune）：一八七〇年由拿破崙三世挑起了普法戰爭，法國慘敗後第二帝國崩潰，九月巴黎爆發革命，成立第三共和國。一八七一年德意志帝國持續圍攻巴黎，國民議會於二月當選，保皇黨占多數，與德國締結和平，共和派巴黎人擔心國民議會恢復君主制，於三月十八日起而反對法國政府。三月二十六日，由中央衛隊組織的市政選舉，革命黨人獲勝，組成公社政府。雖然新政府內部存在分歧，但採取若干社會政策。隨後在里昂、馬賽等地出現的公社遭迅速鎮壓，五月二十一日，政府軍進入巴黎血腥鎮壓，死傷慘重。二十八日巴黎公社徹底覆亡，為期不到兩個月。

必須強調，馬克思本質上是個理論家和政論家，雖然他一生參與過幾次政治活動，但從來不是全國性的領袖人物。這可以解釋為什麼他的著作和分析總是很抽象，缺乏實際細節。前面已經說過，他對社會主義革命後國家的描述是很模糊的。然而，在接下來談列寧之前有幾點要先強調。第一，馬克思清楚講過只有先進工業社會才會發生社會主義革命，鄉村農業社會尚未準備好，而歷史必須遵照自身的邏輯。第二，馬克思是始終如一的國際主義者，他不相信單一國家的社會主義革命能夠成功。最後也最重要的一點是，一般都誤解馬克思只把共產主義當成一個終極目標。事實上，馬克思在《德意志意識形態》（一八四六年完成）中很明確講過，共產主義不只是終極目標，也是破壞和推翻既有政治體制的政治運動：

> 共產主義對我們說來不是應當確立的**事態**，不是現實應當與之相適應的**理想**。我們所稱為共產主義的是那種消滅現存狀況的**真正的**運動。

## 列寧主義

列寧在十九世紀末出生於俄國窩瓦河邊的小城市。他的父母都是教師，對公民責任有高度意識。當列寧還是青少年時，他的哥哥（也還未成年）因為陰謀刺殺沙皇亞歷山大三世被捕處決。許多評論家認為是這件悲劇讓列寧堅定決心，強烈憎恨俄國沙皇專制。社會責任感加上對身處體制的憎恨，可以解釋列寧對政治、歷史和俄羅斯帝國的看法。

哥哥死後不久，列寧開始研究革命的理念，尤其是俄國激進派如尼可來·車爾尼雪夫斯基[4]和馬克思的著作。十九世紀末，他因為觸怒俄國當局被迫流亡，但他對俄國激進派的影響很大，到了一九一七年末，在二十世紀俄國第三

4 尼可來·車爾尼雪夫斯基（Nikolay Chernyshevsky, 1828-1889）：俄國哲學家、作家。大學時代受唯物主義和空想社會主義思想影響，開始研究黑格爾和費爾巴哈哲學，一八五六年起參加進步刊物《現代人》編輯工作。在哲學上，他批判康德、黑格爾等人的唯心主義觀點，在政治上，認為階級鬥爭是社會進步的動力，致力於農村公社的社會主義思想和發起對貴族的革命。

次革命之後(亦即一九一七年十月革命,此前還有一九○五年和一九一七年二月革命),他和他的政黨——布爾什維克——奪取了政權。俄國從此被共產黨統治超過七十年。

和馬克思不同,列寧高度參與俄國的政治,雖然他有時也會寫一些比較抽象的分析,談他對社會主義和共產主義的長遠看法,其中最著名的是《國家與革命》(一九一七),但他對共產主義理論的主要貢獻來自他對周遭世界的經驗和回應,以及他和其他馬克思主義者的辯論。他最重要的貢獻是關於革命政黨的角色,還有他對社會主義和共產主義的區分。

馬克思對政黨著墨不多,部分原因是政黨在馬克思的年代不如在二十世紀時重要。但列寧認為,俄國工人階級很難對自身被剝削的處境發展出政治意識,於是提出一套先鋒政黨的理論。在《怎麼辦》(一九○二)中,列寧認為有些人的政治覺悟比其他人高,他們應該擔負起領導社會走向社會主義的責任。這是菁英主義的政黨觀,常與柏拉圖的「哲學家國王」相提並論。此外,這種政黨的運作高度祕密。有些人為列寧辯護說,這種祕密封閉的政黨形態在二十世紀初的沙俄專制環境下是有必要的，但實情是布爾什維克——後來的蘇聯共產黨——在奪得權力後，並沒有改變其根本特性。事實上，列寧在一九二一年沙皇已被推翻許久之後，還呼籲黨內紀律要更嚴明。他那菁英主義和祕密運作的共產主義政黨觀是他最重要的遺產之一。

列寧的帝國主義理論尤為重要，因為它大大扭轉了馬克思的看法——即使在馬克思本人都認為很不適合的狀況下，世界各地的革命分子依舊用它來為奪權提供辯護。在一九一七年出版對第一次世界大戰爆發原因所做的長篇分析中，列寧主張帝國主義乃是「資本主義的最高階段」。列寧說，世界上的主要帝國已經把世界瓜分得差不多了，個別帝國主義國家要繼續擴大尋求資源、新市場和便宜的勞動力，唯一方法就是奪取其他帝國主義國家的殖民地。列寧認為這種不斷擴張和尋求利潤的動力是歐洲列強爆發大戰的衝突根源。這一點對共產主義發展的重要性在於，列寧用這套理論為布爾什維克在俄國奪權辯護，雖然他自己知道，按照正統馬克思主義的分析，俄國還沒有準備好發生社會主義革命。俄國在十九世紀末開始工業化，但主要還是一個農業國家，但列寧認為俄國是資本主義國家最薄弱的一環，如果打破這個環節，整個國際資本主義就會崩塌。等到英國、法國和德國等先進國家也脫離資本主義，俄國就會被納入新的國際社會主義陣營之中。到了一九二〇年代初，資本主義已經很清楚不會崩潰，但布爾什維克不願交出一九一七年十月奪來的權力。列寧已大大修正了正統馬克思主義理論。

列寧對共產主義理論的最後一個貢獻是，他比馬克思更明確區別社會主義和共產主義。馬克思經常把兩個名詞交替使用，雖然有時會把前者視為後者的早期階段。但列寧更明確地主張，社會主義的財富分配方式和共產主義完全不同。共產主義的運作原則是「各盡其能，按需分配」，社會主義則是「各盡其能，按勞分配」。這種區別被用來合理化共產國家內的巨大所得差異。列寧也比馬克思更強調在社會主義革命後要有一個強大的國家，這也為後來的共產國家所用。

## 史達林主義

列寧死於一九二四年一月，而共產體制的一個特點也立刻浮現——無能或不願建立正式的領導人接班制度。到了一九二〇年代末，喬治亞人史達林打敗托洛茨基等對手贏得接班鬥爭。史達林當時給人的形象是溫和派，托洛茨基則是傑出但狂熱無情的知識分子。史達林的溫和形象相當諷刺，因為他在鞏固權力後成為史上最冷血的獨裁者。史達林在知識上的原創力並不高，但也對共產主義理論有所貢獻，有時更以虛假的理論來合理化其行為（實踐）。

史達林對共產主義理論最重要的貢獻，是在一九二五—六年提出「一國社會主義」。這不是什麼特別深奧的概念，只是從理論上將一九二二年後蘇維埃社會主義共和國聯盟（USSR）的實際發展合理化。這個概念的原創者也不是史達林；他曾在一九二四年末約略提到，真正提出這個概念的人是和他競爭最高領導人職位的尼古拉・布哈林[5]，只是被史達林採用為官方政策。這個政策不只為在單一國家建立社會主義提供正當性，更是在為一個連列寧自己都承認、還沒準備好迎接社會主義的國家提供正當性。這個政策因此違反了正統馬克思主義的兩大信條。但從另一個角度看，這個政策比托洛茨基的「不斷革命論」[6]更受蘇聯人民支持。多數人民都厭倦了戰爭與革命，想要安穩過生活。「一國社會主義」也正當化了史達林主義的其他手段，成為共產體制的重要特色：以中央計畫經濟推動工業化和農業集體化。史達林主義另外兩個特點是高度的國家恐怖和個人崇拜，雖說這並非共產主義理論的一部分，但確實成為許多共產國家的特色。

## 馬克思列寧主義

雖然列寧本人沒有用過這個詞，但共產國家的意識形態通常被稱為「馬克思列寧主義」，這顯然是史達林的發明。一些共產國家又在這個詞加上一些東西以彰顯民族或地方特色。中共的意識形態向來被稱為「馬克思列寧主義及毛澤東思想」，現在又新加上毛澤東繼承者的貢獻，自二〇〇二年末開始叫做「馬克思列寧主義、毛澤東思想、鄧小平理論、三個代表重要思想」（前中共最高領導人江澤民說，中國共產黨「要始終代表中國先進社會生產力的發展要求；要始終代表中國先進文化的前進方向；要始終代表中國最廣大人民的根本利益」）。同樣的，北韓的意識形態也被稱為「馬克思列寧主義及主體思想」。「主

---

5 尼古拉·布哈林（Nikolai Bukharin, 1888-1938）：蘇聯重要的馬列主義理論家、經濟學家和作家、布爾什維克黨的早期領導人，曾任中央政治局委員。早年學習經濟時成為革命者，一九〇六年加入俄羅斯社會民主工黨，一九〇八年成為布爾什維克派莫斯科委員會成員，一九一一年逃往西歐，後來遇見列寧，並一起在《真理報》工作。一九一七年二月革命後，布哈林返回俄羅斯，八月當選黨中央委員會成員；後來幾年陸續出版理論與經濟學著作。列寧去世後，布哈林成為政治局的正式成員。支持列寧的漸進式新經濟政策，史達林與其結盟削弱托洛茨基；一九二八年史達林政策轉變，翌年布哈林失去共產國際職務，並於十一月被逐出政治局。一九三七年被捕，以「托洛茨基分子」為由開除黨籍，一九三八年被控反革命活動和間諜活動，被判有罪並被處決。一九八八年得到平反，追授黨員身分。

6〔譯註〕托洛茨基認為，一國範圍內要維持無產階級革命，只能是一種暫時的狀況。在孤立的無產階級專政下，內外矛盾必然伴隨著成就一起增加。如果繼續孤立下去，那麼無產階級國家最終必然會被這些矛盾所葬送。無產階級國家要擺脫這種狀況，只有在一些先進國家的無產階級獲得勝利後才有可能。

體」意指自立自強，也反映出史達林的「一國社會主義」。

## 毛主義

和列寧一樣，毛澤東投入馬克思主義是因為年輕時對國家處境的不滿，但他特別重視列寧的帝國主義理論和史達林的一國社會主義。中國已在一九一一年革命推翻帝制，但接下來是軍閥和國民黨統治，毛澤東認為皆無助於國家的發展。

根據當代中國思想家的看法，毛澤東對共產主義理論的主要貢獻是，為如何在「主要由農民和小資產階級組成的半殖民地、半封建社會」建立起共產黨統治提供理論依據。史達林雖然多方扭曲了正統馬克思主義，但他還是承認馬克思主義的模型是以城市無產階級為基礎，而不是鄉村農民。事實上，馬克思和恩格斯在《共產黨宣言》中曾提到「農村生活的愚昧狀態」，儘管這句話常被斷章取義。毛澤東在一個以農民占絕大多數的國家掌權，必須宣稱這是符合馬克思主義的。毛澤東用「馬克思列寧主義」——尤其是史達林的一國社會主義概念——要比正統馬克思主義更能賦予其行為和思想正當性。

## 歐共主義

列寧、史達林和毛澤東都在今天稱為開發中國家的環境下提出理論。但由於馬克思把重點放在先進工業國家，我們就不能忽略在二十世紀，法國和義大利這些西方國家都有很強大的共產黨。然而，由於這些西方國家的條件和蘇聯、中國及其他共產國家大不相同，西歐國家的共產黨也就發展出非常不同的共產主義觀點。雖然有些共產黨從一九四〇年代到一九六〇年代末都忠於莫斯科（例如在法國），有些共產黨則從很早就開始質疑蘇聯模式是否適合自己的國家和環境。首開風氣的是義大利人。早在一九五〇年代，義大利共產黨領導人帕爾米羅．陶里亞蒂[7]就主張，各國共黨不能獨尊一個國家或一種制度，每個國家都應該根據自己的情況走出自己的共產主義道路。他主張「多中心論」，而不是只有一個中心（即莫斯科）的世界共產主義運動。這種主張剛開始在西方各共產黨中受到的支持很有限。但蘇聯領導的華沙公約組織在一九六八年八月入侵捷克後，蘇聯廣受西方共產黨人批評，不只是義大利人。許多人紛紛脫黨，有些人則留在黨內繼續批評蘇共，發展出較為溫和民主的共產主義模式。一九七〇年代中因為西班牙佛朗哥右翼政權垮台和西班牙共產黨再起，進一步刺激「歐共主義」的出現。許多西歐共產黨都傾向這種較為包容、較不獨斷的新式共產主義，但真正引領風潮的是法國、義大利和西班牙共產黨，尤其是後兩者。雖然這場運動最後還是消亡了，許多義大利共產黨人甚至完全放棄「共產主義」這個詞，在一九九一年更名為左翼民主黨，但在一九七〇和一九八〇年代，這場運動在智識上和理論上都對東歐、蘇聯和亞洲的共產政權造成重大挑戰。

## 結論

共產主義理論是含糊不完整的，有時甚至明顯自相矛盾。部分原因是，不同的理論家在不同時代、不同條件和不同的個人情況下寫作——馬克思本人不是政治領袖，不像列寧、史達林和毛澤東必須正當化自己的行為。另有部分原因是，他們有時是在解釋過去，有時是在分析現況，有時是在討論不久的將來，有時又在探索共產主義社會的長遠目標。還有部分原因是，他們和許多理論家一樣，並不是終生都保持一致。更有部分原因是，他們有時是從規範性角度討論（應該是怎麼樣），有時是從描述性的角度書寫（事實是怎麼樣）。

除此之外，各共產主義理論家的觀點還有一個根本性的差別，也就是意志論和決定論的差別。馬克思自己傾向決定論的歷史解釋，認為歷史必須經過

7 帕爾米羅．陶里亞蒂（Palmiro Togliatti, 1893-1964），義大利政治家，一九二一年義大利共產黨創始成員之一，一九二六年法西斯政府禁止共產黨，總書記葛蘭西被捕，陶里亞蒂因前往莫斯科會議而倖免，繼任義共總書記，直到去世為止，他一直是義大利共產黨無可爭議的領導人，領導義共成為第二大黨；與蘇聯關係密切，也擔任共產國際的代表。法西斯垮台後曾擔任司法部長，以及制憲議會成員。

幾個階段，也就是辯證的作用力和反作用力。雖然他相信共產黨人可以也應該幫助歷史變遷向前邁進，但馬克思也擔心共產黨人會操之過急；他在《關於費爾巴哈的提綱》（完成於一八四五年）中寫道：「哲學家們只是用不同的方式**解釋**世界，而問題在於**改變**世界」。事實上，晚年的馬克思越發傾向決定論。在他從未完成的資本主義政治經濟學巨著《資本論》中（第一卷出版於一八六七年；未完成的第二卷和第三卷由恩格斯編輯，馬克思死後於一八八五年和一八九四年出版），馬克思描述了一個較抽象、去個人化的全球資本主義體系，是這個體系中的內在矛盾導致資本主義的危機和崩潰，而不是資本家與工人之間有意識的鬥爭。

相對的，列寧和毛澤東這種領袖人物就明顯傾向意志論，他們相信運用人類意志可以、也能夠加速，或甚至跳過歷史階段。不管他們的唯意志論是因為個性自負，或是想用一套革命理論來正當化其推翻壓迫政權、推動社會現代化的行動，還是兩者兼具，他們都改造了馬克思主義來符合自己的目的。他們扭曲了馬克思原來的觀點，其中又以扭曲馬克思晚年的著作比其早期理論更甚。

因此，他們常被更傾向於決定論的馬克思主義者批評，例如出身奧匈帝國德語家庭的卡爾·考茨基[8]就高度批評列寧的意志論。凡此種種都是由於馬克思對社會主義革命和革命後的論述經常是模糊或不完整的，於是留下各種詮釋的空間。而列寧自己的著作也有衝突和矛盾，他在《國家與革命》對社會主義革命後情況的論述，就和他在俄羅斯社會主義革命後的所寫和所為有所矛盾。既然如此，要了解共產主義是什麼或曾經是什麼，最好的方法就是研究其實踐。

8 卡爾·考茨基（Karl Johann Kautsky, 1854-1938），出生於布拉格，於維也納大學學習，一八七七年加入德國社會民主黨。一八八五年前往倫敦，結識恩格斯並成為好友，馬克思《資本論》第四卷（也就是被冠名以《剩餘價值理論》）的手稿編輯。一八九五年恩格斯逝世後成為社會民主黨核心，他認為以列寧為代表的布爾什維克走上了歧途，追求獨裁；反之，列寧認為考茨基是教條主義。

# 第二章　共產政權簡史

截至一九七〇年代，全世界有超過三分之一的人口生活在共產體制中。但這個過程花了幾十年時間，一路上歷經許許多多的挑戰。

## 從一九一七年到第二次世界大戰

一般都把一九一七年第二次俄國革命（十月革命）當成共產政權的開端。一九一七年第一次俄國革命發生在二月，推翻了幾世紀的沙皇專制。其後幾個月間，俄羅斯由臨時政府統治。但這個政府表現不佳，讓一個不在政府裡的主要政黨有批評的機會，最終甚至將其推翻。這個政黨就是伏拉迪米爾．列寧領導的布爾什維克（意指多數派），並成為全世界第一個執政的共產黨。

布爾什維克是馬克思主義者，但卻是一種特別的馬克思主義者。他們在二十世紀初和另一個團體合組政黨[1]。這個黨在一九〇〇年代初分裂，主因是布爾什維克乃是意志論者，而另一個團體——孟什維克（意指少數派）——則認為人為加速歷史變革會出大亂子。然而俄羅斯人民已經厭倦了第一次世界大戰和種種生活匱乏，列寧簡潔有力的口號——「和平、土地、麵包」——吸引了城市和鄉村的大批俄國群眾。

許多俄國人反對列寧政權，動員起來要推翻它。一九一七年到一九二一年爆發了內戰。布爾什維克最終得勝，但他們很快就知道問題遠未解決，一些過去的支持者開始發出質疑和挑戰。一九二一年爆發了喀琅施塔得叛亂[2]，聖彼得堡外圍的水兵和工人要求布爾什維克要分享政治權力、多聽聽其所代表人民的聲音。但布爾什維克對叛亂分子毫不妥協，派出六萬名部隊鎮壓。雖然布爾什維克反擊成功（儘管血腥異常），但黨的領導人認識到他們面臨失去群眾支持的危險。蜜月期已經結束，需要採取新的措施。

喀琅施塔得叛亂結束時正值黨的第十次代表大會，這次大會定出了新措施，採納了兩種極端對立的政策。在政治層面，共產黨高度緊縮。這可以從兩方面看出。第一，他們開始禁絕其他政黨；雖然蘇聯政權從一開始就是一黨體制，但布爾什維克起初（在一九一七年和一九一八年）並沒有禁止其他政黨，甚至還和有廣大農民支持的左翼社會革命黨結成聯盟。但從一九二一年以後，翌年正式成立的蘇維埃社會主義共和國聯盟就是一黨專政的國家，雖然這從未規定在憲法中。第二個政治緊縮就是以列寧為首的領導高層開始禁止黨內派系。黨員若試圖拉幫結夥挑戰或質疑領導人的政策和決定，就是違反黨紀。

但布爾什維克採取了非常不同的經濟措施。他們在政治上緊縮，經濟上卻

1〔譯註〕即社會民主黨。

2 喀琅施塔得是位於芬蘭灣科特林島上的海軍要塞，也是俄國波羅的海艦隊的基地、聖彼得堡的防衛港。俄國內戰末期，左翼反布爾什維克勢力發起一次大型的起義（蘇聯的立場稱之為叛亂），參與者包括水手、士兵和平民。遭到血腥鎮壓之後，也讓列寧和布爾什維克改變戰時共產主義，以新經濟政策取而代之。

搞自由化，採取所謂「新經濟政策」[3]，鼓勵小資企業和私人貿易。布爾什維克希望新政策能改善經濟，消除支持者的失望不滿。

我們無法知道如果列寧活著繼續當共產黨領袖，「新經濟政策」能維持多久。這位俄國革命的謀劃者在一九二二年第一次中風，此後越來越虛弱，最終在一九二四年一月去世。由於布爾什維克沒有任何接班機制，要經過長時間權力鬥爭才能產生新領導人。主要競爭者有布哈林、托洛茨基和史達林，但布哈林很快就退出了。諷刺的是，當時許多資深的布爾什維克認為托洛茨基太過聰明——也就是太過危險——不適合當最高領導人。相反的，史達林看起來比較溫和。知名的史達林傳記作家艾薩克．多伊徹說他當時的形象是「力行中庸之人」。此外，史達林的「一國社會主義」政策要比托洛茨基的「不斷革命論」更受蘇聯人民和共產黨人歡迎。人民已經受夠戰爭（一次大戰、內戰）和革命，持續動亂的主張自然不得民心。相對的，史達林的觀點比較受歡迎。史達林認為蘇聯不需要冒外來入侵的風險去輸出革命，讓人民不用害怕進一步動亂。此外，他認為蘇聯會成為世界上第一個比西方資本主義還要先進的國家，這也激發了人民的夢想和民族主義情緒。毫無疑問，在一九二〇年代中期，許多蘇聯人民對國家的未來是充滿熱情的。在特定環境下，共產主義意識形態確實能鼓舞人心。

然而，到了一九三〇年代中期，「一國社會主義」的夢想變成了夢魘。史達林從一九二〇年代末開始打造他心目中的社會主義。由於這種制度只在一個國家實施，而世界各國都對這種制度抱有敵意，他就只能用國內的資源來打造。在這個脈絡下，蘇聯採取了五年計畫、工業化、集體化，還有最終的——恐怖統治。

俄共在一九二一年引入「新經濟政策」，是為了復甦在一戰和俄國內戰後衰敗的經濟。俄共領導人一直認為這只是權宜之計，一開始並沒有定下時間表。例如，布哈林就認為社會主義在蘇聯只能以「農民龜速」緩慢建立，除非

3〔譯註〕新經濟政策的主要特點是：廢除餘糧收集政策，實施實物稅；停止配給制度，允許商品買賣；放鬆貿易限制，鼓勵外資企業投資，將資金與技術引進俄國；停止以沒收的方式進行資本主義改造，改以租借和租讓的方式，在一定範圍內允許個體私營經濟的存在。

占人口最大宗的農民能被說服加速變革，否則就可能招致反彈。儘管如此，列寧在一九二一年成立了一個負責中央計畫的機構，名為「高斯普蘭」(Gosplan，國家計畫辦公室)。雖然這個機構在列寧時代作用不大，但它的成立意味著當史達林在一九二〇年代末鞏固權力時，對計畫的重視和負責計畫的機構都已經存在。

「後—新經濟政策」時期始於何時有所爭議，但一般認為是在一九二八年，因為蘇聯在當年十月實施第一個五年經濟計畫。一開始，計畫著重在蘇聯的工業化；雖然俄國的工業化和都市化從一八八〇年代和一八九〇年代開始快速發展，但在一九二〇年代末還是一個以農業為主的國家。由於馬克思主張只有先進工業社會才能建立社會主義，史達林說「一國社會主義」必須大規模工業化和都市化不是沒有道理。第一個共產主義經濟計畫因此誕生。

由於重點是發展工業，剛開始的計畫並不重視農業。但很快就發現，大規模工業化需要投入大量資金。由於海外投資人不願協助共產國家發展經濟，資金就只能從國內取得。在資本主義國家，大規模投資通常來自私人部門，也就是資產階級。但革命前的俄國小資產階級早在一九一七年到一九二一年間就已大舉出逃或被殺害，而「新經濟政策」雖然頗為成功，但未能創造出足夠的私人財富來支持史達林想要的大規模發展。國家也沒有如此大規模計畫的資金。共產黨要想辦法從別處籌得財源。

在這種情況下，史達林只能從農民身上取得資金來支持他野心勃勃的計畫。畢竟農民占人口最大宗，其他財源在哪裡都還不清楚。史達林提出兩個理由來說明自一九二九年起轉向農業的正當性。第一，他號召農民建立更美好的社會，所有人——包括農民在內——都會生活得更好。第二，創造新財源的主要手段是以農業集體化來達致更高的效率和利潤率，從農民身上攫取剩餘價值，這也能激勵向來個人導向的農民以集體的方式工作和思考。簡單說，他想要一石二鳥：既為工業發展創造新財源，又讓農民發展出集體或社會主義意識。

不幸的是，這麼美妙的方程式是不切實際的。「和平、土地、麵包」這個響亮口號主要就是針對農民，因為列寧知道多數農民都想擁有自己的土地。雖然農民在一八六一年「農奴解放法案」後就獲得解放，但接下來幾十年，許多農民的債務越來越沈重。對他們來說，布爾什維克有吸引力是因為他們承諾給農民不必背負債務的土地。此外，「新經濟政策」也鼓勵某種形式的個人企業家精神，這也吸引了很多人。許多農民才剛獲得幾世紀以來追求的獨立性，根本不願放棄，這和史達林要發展農民的社會主義意識正相衝突。雖然俄國人傳統上會在自願的情況下互相合作，但他們不想被國家強迫。這就必然會引發嚴重的緊張情勢。史達林很快就認識到農民拒不合作，從一九三〇年開始強迫農民加入集體農場（設備、牲口、種子等等都是集體共有而非個人所有）。農民厭惡被強迫，越來越反對共產黨。

一九三四年，史達林宣稱已成功改造了農村。但在一九三二到三三年間，數百萬人死於由史達林一手造成的饑荒[4]，許多同志也批評他太急於求成。反對和批評聲浪在社會各階層四起，包括在共產黨最高領導層。但史達林毫不退讓妥協，開始用類似希特勒在德國的手段來對付反對派，極端濫用暴力來對付真實和想像中的「敵人」。從此開始共產政權史上最黑暗的一段時期——史達林恐怖統治。

有多少人死於史達林恐怖統治還有高度爭議，恐怕也永遠不會有確切的數字。部分原因是不同的分析家會納入或排除不同種類的死傷狀況。例如，如果有幾百萬人死於錯誤政策造成的饑荒，他們算不算死於史達林的恐怖統治？不論確切數字為何——估計從數十萬到四千萬都有，三到五百萬是比較可靠的數字——都是一個非常龐大的數字。史達林恐怖統治在一九三六—八年間達到最高峰，其中有些元素在一九五三年三月史達林死後依然繼續存在。但在討論後史達林時代之前，我們要先放下蘇聯，看看全球的共產主義運動和擴張。

4 一九三二—三年發生在史達林執政時期的蘇聯大饑荒，包括烏克蘭、北高加索、伏爾加河流域、哈薩克、南烏拉爾山脈等地的幾大產糧區，除了自然災害之外，農業集體化政策在農村引起的混亂也是導致饑荒的重要原因。尤其大糧倉烏克蘭境內，因饑荒造成至少約兩百多萬到五百萬人死亡，甚至以「飢餓滅絕（Holodomor）」稱之。且在蘇聯強力控制下，當時的情況不為外人所知，直到蘇聯解體後才公諸於世。

## 二戰後的共產主義擴張

直到一九四〇年代，全世界只有蘇聯和蒙古（一九二四年共產黨上台）這兩個共產國家。一次大戰後有不少建立共產體制的嘗試，尤其是在德國和匈牙利，但都以失敗告終。一九四〇年代情況大為改變。在四〇年代終了時，共產黨已席捲幾乎全部的東歐國家和大部分東亞地區。

和美國一樣，蘇聯也是到一九四一年才加入二戰；和美國一樣，蘇聯加入大戰也是為了對抗侵略。但美國和蘇聯有一重大差異，蘇聯曾和潛在的侵略者簽定過互不侵犯條約。根據一九三九年「莫洛托夫—李賓特洛普條約」（或稱《德蘇互不侵犯條約》），納粹德國承諾不會入侵蘇聯。希特勒最大的錯誤之一就是他撕毀條約入侵蘇聯。

根據《德蘇互不侵犯條約》，納粹德國基本上同意蘇聯併吞波羅的海的愛沙尼亞、拉脫維亞和立陶宛。這些國家在兩次大戰之間是獨立的國家，在一九四〇年連同摩達維亞（現在的摩達瓦）被併入蘇聯。實質上，這算是第二次世界大戰所導致的第一波共產主義擴張。但這只是開端；蘇維埃帝國在戰後更加大幅擴張。

蘇聯英勇抵抗納粹並獲得一系列勝利。但史達林知道，對抗法西斯主義是艱難的，要和其他反法西斯力量合作才符合國家利益。同樣的，西方各國也發現納粹比想像中更頑強。蘇聯和西方決定拋開過去的分歧，致力打倒共同敵人。法西斯終於在一九四五年被擊敗，規畫歐洲未來的時刻已然到來。同盟國——主要是美國、英國和蘇聯，法國稍晚才加入——在一九四三年德黑蘭會議討論此議題，接著又在雅爾達（一九四五年二月）和波茨坦（一九四五年七月和八月）談判。這些會談決定了德國的未來：德國被分為四個占領區（美國、英國、法國和蘇聯）。雖然此時還未預見到德國會分裂為親西方的國家（西德，德國聯邦共和國）和親蘇聯的共產國家（東德，德國民主共和國）——最終在一九四九年分裂——但分裂的種子已經埋下。還有一個會議對共產主義其後的擴張非常重要，而美國並未與會；這是英國首相邱吉爾和史達林於一九四四年十月在莫斯科的私下會談。這場會議達成了惡名昭彰的「百分比協議」，對東歐的未來至為關鍵。

提出百分比協議的是邱吉爾，而非史達林。根據這個協議，英國和蘇聯同意瓜分大部分東歐地區，並各自在不同國家占有不同比重的「優勢」。例如，邱吉爾提出蘇聯將在羅馬尼亞和保加利亞占優勢，英國則在希臘占優勢，在南斯拉夫和匈牙利則平分。史達林很快就答應了。雖然這項協議沒有包括全部東歐地區，但基本上是把保加利亞和羅馬尼亞送給了蘇聯。然而也必須承認，蘇聯當時對希臘有所保留，若非蘇聯插手，希臘在二戰後幾乎肯定會共產化[5]。同樣的，共產黨在南斯拉夫奪權的過程中，蘇聯也沒扮演重要角色。唯一可指責蘇聯背棄這項協議者——這項協議廣受質疑，不如稱之為「交易」——乃是匈牙利。但即使是匈牙利，英國領導人也給了蘇聯百分之五十的優勢。

共產黨在東歐各國奪權的具體情況不一。例如，蘇聯紅軍在保加利亞和羅馬尼亞扮演關鍵且直接的角色，史達林原來希望當地共產黨人能用合法的選舉方式奪取捷克斯洛伐克政權；不幸的是，捷克人和斯洛伐克人當時已不像在一九四五年對共產黨那麼熱情，莫斯科最終（一九四八年）不得不支持一場宮廷政變以確保共產黨勝利。南斯拉夫和阿爾巴尼亞又不一樣，當地的共產黨自己奪取了政權，無需蘇聯協助。事實上，狄托[6]的南斯拉夫共產黨受西方援助還多於受蘇聯援助。

二戰後，共產主義不只在東歐擴張，共產黨也在東亞和南亞奪權。到了一九四〇年代末，共產黨已在越南（一九四五）、北韓（一九四八）、和中國大陸（一九四九）執政。北韓的情況類似於東德，同盟國在二戰打敗日本後，蘇聯

5〔譯註〕希臘在一九四六年爆發內戰，共產黨試圖武裝奪權。但蘇聯依「百分比協議」，未積極地幫助過希臘共產黨，甚至在至關重要的一九四四年末，當希臘共產黨控制了全國大部分領土時，蘇聯還為了自己更大的利益要求希臘共產黨就此收手。真正長期支持並援助希臘共產黨的是南斯拉夫，這也埋下南斯拉夫和蘇聯交惡的種子。

6 狄托（Josip Broz Tito, 1892-1980）：南斯拉夫革命家、政治家，南斯拉夫社會主義聯邦共和國總統、總理、元帥，在南斯拉夫執政三十六年。一九一三年，因徵兵加入奧匈軍隊，後來加入布爾什維克組織，一九一八年加入南斯拉夫共產黨支部，一九三七年接掌南斯拉夫共產黨，一九四〇年被選為南共總書記。儘管執政時期被人批評為威權統治，但他通常被視為南斯拉夫聯邦內各民族統一的象徵。他還是不結盟運動發起人之一，與印度總理尼赫魯、埃及總統納塞共事。他提出的政治思想被稱作狄托主義。

在朝鮮的控制區很快就變成由金日成領導的共產國家。而在另外兩國，當地的共產黨——越南由胡志明領導，中國由毛澤東領導——大部分是靠自己努力才奪取政權，蘇聯並沒有多少援助。戰爭摧毀了這個區域的許多國家，在一片混亂中，共產黨靠著比政敵更有組織而奪取權力。例如在中國，毛澤東率領共產黨打敗了對手國民黨，蔣介石與部眾逃往台灣。

到了一九四〇年代末，共產黨控制的國家較兩次大戰期間大幅增加，由二國增加到十三國——原來的兩國再加上阿爾巴尼亞、保加利亞、中國、捷克斯洛伐克、東德、匈牙利、北韓、波蘭、羅馬尼亞、越南、以及南斯拉夫。這其中除了南斯拉夫在一九四八年被逐出蘇聯集團外，大多數都親莫斯科，都採取蘇聯式的政策，包括工業國有化、總體經濟計畫、農業集體化、國家提供免費醫療和教育、住房和公共運輸補貼，以及最重要的，用恐怖手段消滅實際或想像的敵人。

## 史達林去世及共產運動的分裂

史達林死於一九五三年三月。雖然他策畫了史上最大的恐怖統治——儘管以殺害的人口比例而言，還比不上一九七五—九年的赤柬波布政權——許多蘇聯人對他去世還是真心哀痛。這有許多原因。對一些蘇聯人來說，史達林的成就遠大於他的缺失。畢竟當他去世時，蘇聯是位居新帝國中心的現代工業國家。許多歐亞國家都以符合當地情況的方式採納蘇聯的社會主義模式。有些分析家還認為，蘇聯最大的族群俄羅斯人崇拜強人領導，這種傳統可追溯到十六世紀的沙皇恐怖伊凡[7]。持這種觀點的人認為，尊敬甚至愛戴史達林完全符合俄羅斯的政治文化。

7 沙皇恐怖伊凡（Tsar Ivan the Terrible, 1530-1584）：伊凡四世，俄國歷史上的第一位沙皇。一五四七年，伊凡正式加冕，親政並正式自稱沙皇，開始實行獨裁的集權統治，始於一二六三年的莫斯科公國改為俄羅斯沙皇國。其對內打擊貴族，打破領主政體對沙皇的權力限制，建立沙皇專制政體，統一俄羅斯。對外開始擴張。因其政治手腕冷酷殘忍，被西歐史學家稱作恐怖伊凡。

不論蘇聯人為何哀痛，史達林的死亡意味著前途未卜。由於蘇聯沒有正式的領導人接班制度，史達林死後也出現三十多年前列寧死後的權力鬥爭。當時的主要競爭者有馬林可夫、莫洛托夫和卡岡諾維奇，還有最終在權力鬥爭中勝出的赫魯雪夫。赫魯雪夫在一九五七年六月擊敗所謂「反黨集團」後鞏固了權力，產出新領導人的鬥爭耗時四年多。共產世界許多地方也在這段時間出現衝突和動亂。

雖然史達林死後不久，保加利亞和捷克斯洛伐克就爆發小規模抗議，但第一個主要動亂跡象出現在一九五三年六月中的東德。東柏林工人發動罷工抗議生活條件太差，立刻蔓延到全國。東德和蘇聯軍隊強力鎮壓，傳遞出的訊息讓共產世界的人民知道，不要妄想在前途不明的時候「把握良機」挑戰共產黨領導。就算蘇聯的最高層陷入混亂，也不表示共產帝國會容忍人民的挑戰。

然而，一九五六年局勢徹底轉變，這一年也是國際共產政權史的分水嶺。波蘭和匈牙利在這一年發生大規模動亂。蘇聯沒有鎮壓波蘭，但入侵了匈牙利，造成兩萬名平民死亡。要了解這場動盪的背景，就必須了解三項因素：赫魯雪夫對南斯拉夫的態度；陶里亞蒂的「多中心論」；赫魯雪夫在一九五六年二月的祕密演說。

前面已經提過，南斯拉夫和蘇聯在一九四〇年代末分道揚鑣。直到史達林死時，兩個共產國家都處於冰封狀態。但赫魯雪夫認為兩國交惡對誰都沒有好處——至少對共產黨領導人沒有好處。莫斯科和貝爾格勒當初交惡的原因很複雜，有部分是因為狄托和南斯拉夫共產黨奪得政權並沒有靠蘇聯協助，很討厭莫斯科對他們的共產主義道路指指點點。在一九四八年之後，南斯拉夫領導人想發展自己的社會主義，對比於蘇聯模式較不集權、不官僚和不威權。這種模式叫做「自我管理」路線。在一九五五年鞏固權力後，赫魯雪夫有信心莫斯科可以容忍南斯拉夫實行不同的社會主義模式。換句話說，蘇聯領導人似乎允許其他共產國家選擇自己的道路來實現共同目標。而這正是一些東歐人士對赫魯雪夫的理解。

赫魯雪夫似乎也接受了陶里亞蒂的「多中心論」，讓人以為蘇聯立場有重大轉變。「多中心論」的基本觀點是，全世界的共產黨應該團結在一起，但每個國家有權追尋自己的道路。赫魯雪夫容忍這種觀點讓許多東歐人士看到希望，他們覺得自己的領導人太過屈從於莫斯科。

但激起一九五六年動亂的最明確主因，乃是赫魯雪夫當年二月在蘇共二十大上的演說。這個演說沒有列入大會議程，也不見蘇聯媒體報導，但內容很快就外流。演說最重要的部分是赫魯雪夫高度批判了史達林，尤其是針對一九三〇年代的恐怖統治，以及史達林沒有對敵人入侵做好準備，而讓蘇聯在二戰時遭受不必要的重創。赫魯雪夫還批評史達林對待南斯拉夫的方式。雖然赫魯雪夫用詞謹慎——只說史達林犯了「錯誤」——但意思很清楚。當演說內容逐漸在世界上傳開，波蘭和匈牙利這兩個被蘇聯強迫實行共產主義的國家，大多數人民被壓抑的不滿和憤怒隨之引爆。

蘇聯殘酷鎮壓匈牙利起義，迅速止住動亂進一步擴散。這也清楚表明，只有蘇聯領導人可以批評前任領導人，一般老百姓是不行的，更別妄想挑戰自己國家的領導人。一九五六年起義後，波蘭和匈牙利換了一批新領導人，其他幾乎毫無改變。

祕密演說的影響範圍遠超出東歐。它是蘇聯和中國兩大共產巨人在一九六〇年代發生根本分歧的主要導火線。中蘇分裂標誌著世界共產運動的重大裂痕。一九五六年的事件不只在共產集團內部造成衝突，還讓許多非共產國家的共產黨產生高度自我質疑。成千上萬在西方和其他地方的共產黨員認為，蘇聯入侵匈牙利證明了馬克思或列寧的原初理念和理想不是被嚴重扭曲，就是根本不切實際，他們在幻滅之下脫離了共產黨。

但也有一種看法是，共產世界在一九五〇年代中到一九六〇年代初確實有所成就，也有些最初看起來是鼓舞人心的東西。例如，很少人能否認蘇聯在一九五七年十月發射世界上第一顆人造衛星「史普尼克」是傲人的成就。但有更多東西處於灰色地帶。例如，赫魯雪夫在一九五四年宣布一項大計畫，要大幅增加可耕作土地來提高蘇聯的農業產出。這個所謂的「處女地」運動要開發俄羅斯南方和哈薩克北方無人耕作過的土地。在中國，毛澤東也發動「大躍進」（一九五八—六〇）大規模發展農業。雖然一九五〇年代中的大規模公社化手段，有些部分很像史達林在一九二〇年代末到一九三〇年代初搞的農業集體化，但「大躍進」其實和史達林的方法非常不同。毛澤東比史達林更相信地方的主動性和農民的積極性，比較不相信中央計畫。到了一九六一年，共產主義已經擴張到距美國沿岸九十英哩之處，古巴革命領袖卡斯楚決定將其政權打上社會主義革命的旗號，和莫斯科結盟。卡斯楚本來不是共產主義者，當他在一九五九年領導革命推翻巴蒂斯塔的腐敗政權時，他也決不是共產主義者。但他和古巴資產階級及美國的衝突使他必須另尋強國支持；莫斯科剛開始不太願意，至少有所猶豫，但很快就決定支持剛宣布信奉共產主義的卡斯楚。

不幸的是，這些重大轉變很快就令各國共黨領袖失望。準備不足和經營不善讓「處女地」在一九六〇年代初成為沙塵暴地區。中國的「大躍進」讓大批人民離心離德，並導致數百萬中國人民死於大饑荒。「大躍進」造成的死亡人數，估計大多介於一千五百萬到三千萬之間。「大躍進」還使毛澤東一時大權旁落，這位曾受無數中國農民愛戴的魅力型領袖現在得努力求存。而古巴局勢的發展也在一九六二年引發華府和莫斯科衝突——古巴飛彈危機[8]——情況嚴重到差點爆發第三次世界大戰。還好此事沒有發生，但赫魯雪夫避戰使他顏面大失，連帶也影響到蘇聯。總的說來，一九六〇年代初對共產國家來說並不好過。

即使如此，還是有一些令人鼓舞的跡象。例如，一九五六年後成為匈牙利新領導人的亞諾什．卡達爾[9]越來越開明，至少以共產黨的標準來說。他在一九六一年翻轉了列寧的名言，從現在起，匈牙利不再是「如果你不和我們站在一起，你就是反對我們」，而是「如果你不反對我們，你就是和我們站在一起」。對沒有受過共產統治的人來說，這似乎是無聊的文字遊戲。但許多匈牙利人視

8 古巴飛彈危機：一九六二年三月，甘迺迪政府對古巴實行全面經濟禁運，美蘇衝突升溫。同年十月，蘇聯為報復美國在義大利和土耳其部署彈道飛彈，在古巴也部署了類似的飛彈，冷戰對抗升級為世界核戰危機；危機最後以蘇聯領導人赫魯曉夫同意美方的要求撤除飛彈，換取美國不入侵古巴的承諾而解除。

9 亞諾什．卡達爾（Janos Kadar, 1912-1989）年少時在工廠工作加入工會，一九三五年成為共產黨員。二戰納粹占領期間，加入匈牙利陣線抵抗運動；戰後曾擔任內政部長，一九五六年，卡達爾在莫斯科的支持下控制政府，擔任第一書記直到一九八八年。卡達爾掌權後對黨進行改革，並實施恢復社會主義的計畫。六〇年代中期，開始實施將中央集權的社會主義與自由市場原則相結合的經濟政策，同時放鬆政治管控，匈牙利的生活水平提高，卡達爾也獲得人民支持。

其為重大轉變，只要能真的落實。

## 蘇聯重振雄風

一九六二年古巴飛彈危機，蘇聯被美國總統甘迺迪逼得放棄在古巴設置核子彈頭，赫魯雪夫在國際上大失顏面，但這只是其他蘇聯高層密謀推翻他的原因之一。他還被指責要對「處女地」運動和一九六二年肉品與奶油價格高漲負責。此外，赫魯雪夫改變了經濟管理結構，許多傾向中央計畫的同志並不贊同。他在一九六〇年代初比一九五六年更進一步批評史達林，讓同志更為不滿。在蘇共二十大時他只說史達林犯了「錯誤」，到一九六一年卻公開說是「罪行」。在這個脈絡下，他允許索忍尼辛[10]出版《伊凡．丹尼索維奇的一生》，這本小說隱諱但嚴厲譴責了史達林及其恐怖的國家機器。所有這些使得赫魯雪夫的同志們再也無法忍受，在一九六四年十月召開蘇共中央委員會將他推翻。這是蘇聯歷史上唯一一個被撤換的最高領導人，其他人都是死於任內（戈巴契夫沒有被同志推翻，而是在一九九一年十二月蘇聯解體後下台）。

接替赫魯雪夫的是一個雙頭馬車的領導團隊。領導共產黨的是布里茲涅夫，領導國家機器的則是柯西金。新團隊努力矯正赫魯雪夫所犯的各項錯誤，扭轉他帶給國家的恥辱。到了一九六〇年代末，新的蘇聯領導團隊已大致達成目標。這表現在幾個方面。

首先，新團隊決心改善國家的經濟表現。一九六五年實行了兩大改革——一是農業，另一是工業和一般經濟——要增加產量和提升品質。雖然這些政策最終還是相對失敗，但剛開始的成績很不錯。

第二，新領導層顯然認為對史達林和史達林時代的批評已經足夠。他們認

10 索忍尼辛（Aleksandr Solzhenitsyn, 1918-2008），俄羅斯作家、異議分子和政治犯。二戰期間參與蘇軍前線行動，三次獲得個人英雄勳章，但卻因在私人通信中批評史達林而被判處勞改八年。他以集中營的經歷為素材創作了小說《伊凡．丹尼索維奇的一生》（一九六二年，他唯一被允許在蘇聯出版的作品）。一九七〇年獲諾貝爾文學獎，其在蘇聯以外地區出版的書籍激怒了布里茲涅夫，被剝奪公民身分流亡歐美，持續批判共產主義與西方的立場；直到蘇聯解體後才重返俄羅斯，終身寫作不輟。

為這種批評會傷害現有體制，而現有體制畢竟是史達林主義的產物。雖然新領導層並沒有要回到一九三〇年代，但大幅強化了國家對社會的控制。到一九六〇年代末，新領導層顯然不再容忍過度自由化或批判性的藝術作品。索忍尼辛的短篇小說被查禁，審查制度讓他此後的作品再也無法在蘇聯出版。一九六五年末，安德烈·西尼亞夫斯基和尤里·丹尼爾把諷刺作品偷送到國外用假名出版，他們被以「詆毀蘇聯體制」罪名被捕，這種不容異己的態度已經很明顯。一九六六年初經過草率的審判後，西尼亞夫斯基和丹尼爾分別被判七年和五年勞改。這意思很明顯，一九六〇年代初相對自由化的藝文「解凍」已經結束。在接下來幾年，政府對所謂異議分子採取騷擾政策。

第三，蘇聯領導人很快就證明他們和赫魯雪夫在一九五六年一樣，不容任何人挑戰蘇聯控制的共產國家。他們對待一九六八年布拉格之春的方式就是明證。這在共產政權史上又是一個分水嶺，值得較詳細說明。

捷克斯洛伐克和匈牙利不同，和波蘭更不一樣，它在一九五六年後從未經歷過任何自由化。從史達林去世到一九六八年一月，這個中歐國家都由死硬派共產黨員安東寧・諾沃提尼領導。有人說，多數國家的多數民眾都會容忍威權體制，只要這個體制在經濟上表現得好，但捷克在一九六〇年代的經濟表現不佳，改革壓力日增。

和一般認為的相反，改革的呼聲最初並非來自群眾或異議派知識分子，而是來自共產黨內的知識分子。一九六七年十一月，學生罷課抗議大學宿舍的生活條件，警方強力鎮壓引發廣大批評，此事讓諾沃提尼的無能和濫權統治成為政治焦點。但這只是導火線，是壓倒駱駝的最後一根稻草。那年，一些共黨高層對諾沃提尼的批評聲浪越來越大，黨內在十月開始辯論捷克斯洛伐克的發展道路。諾沃提尼知道他的位子搖搖欲墜，在十一月時尋求蘇聯支持。莫斯科此時也在鎮壓國內異議人士，沒有立刻伸出援手。但莫斯科不想支持越來越失敗的領導人，他們對諾沃提尼的態度和對赫魯雪夫一樣。

諾沃提尼讓位給斯洛伐克共產黨領袖亞歷山大・杜布切克。杜布切克是改革派，但是個溫和的改革派。在那時（一九六八年初），異議派知識分子並沒有提出更多要求，決定改變速度和方向的還是共產黨本身。一九六八年四月，共產黨公布一份新黨綱——被稱為「行動綱領」——提出一些政治改革，包括實行某種形式的政治多元主義和更大的宗教自由。雖然這份綱領還是強調共產黨的領導地位，卻激起了對真正改革的期望。雖然保守派警告這已經太過頭，共產黨內一些激進派還是在六月底公布一份文件，要求比四月行動綱領更進一步的改革。想走中庸路線的杜布切克批評了這份「六月宣言」（或稱為「兩千字宣言」）[11]，尤其是其呼籲罷工的訴求。但保守派領導人認為他的說法太軟弱，要求他要對激進派更強硬。

擔心國家走向的不只是布拉格的保守派共黨領導人，共產鄰國的領導人——尤其是東柏林、華沙和莫斯科——也對捷克斯洛伐克的發展感到不安。他們於七月中旬在該區域的各主要報紙發表了「華沙公開信」，警告捷克斯洛伐克的發展不只威脅到該國的社會主義，也威脅到鄰近國家。

「華沙公開信」在捷克斯洛伐克激起雙重反應——既憤怒外國人干涉國內事務，又害怕蘇聯可能會重演一九五六年的匈牙利事件。從公開信發表到八月中旬，杜布切克和一些捷共領導人與蘇聯和東歐同志數度會面，向他們保證不會傷害到社會主義，不論在國內或其他任何地方。但從外人看來，布拉格發出的訊息是混亂的。八月中公布了一份含有許多非常激進主張的黨章草案，包括要摒棄「幹部職務名稱表」制度這個共黨統治的核心元素，明確挑戰到蘇聯式共產主義。這種制度是要確保捷克斯洛伐克的每一個重要職位——政治、教育、軍隊、媒體、工會等等——都受共產黨控制，任何人要擔任名單上任何職位都不能例外。

對捷克斯洛伐克以外的共黨領導人來說，這份黨章草案是最後一根稻草，他們決定矯正捷共同志。一九六八年八月二十日，蘇聯、保加利亞、匈牙利和波蘭的軍隊開進布拉格。共產黨政權又一次入侵共黨國家，理由是他們有義

11 一九六八年布拉格之春改革運動中的象徵性文件，由捷克作家瓦楚里克（Ludvík Vaculík）起草，發表於該年六月二十七日，敦促群眾行動要求真正的民主。此宣言刺激改革運動的發展，也激化了捷國內部保守派與改革派、以及捷克與蘇聯之間的矛盾，為八月蘇聯領軍華約集團軍事入侵埋下伏筆。

務控制對國際共產運動的威脅，這個主張稱為「布里茲涅夫主義」[12]。這次事件和一九五六年入侵匈牙利類似，但也有重要差異。第一個不同是，捷克斯洛伐克是被多個共產國家的軍隊入侵（都是華沙公約國家），匈牙利只有被蘇聯軍隊入侵。第二個明顯不同是，不像匈牙利人，捷克人和斯洛伐克人幾乎沒有抵抗，被殺害的人數估計只在零到一百多人之間。不論實際上是多少，都比匈牙利少很多。最後一個不同在於結果。匈牙利被入侵後，其領導人越來越走向開明，至少以共產黨的標準來說。蘇聯試圖與捷克斯洛伐克的溫和改革派達成權宜的妥協，但最終毫無所成。杜布切克在一九六九年四月下台，換上更正統教義派和更保守的共產黨人古斯塔夫．胡薩克。胡薩克原本（在一九六八年中）支持杜布切克的路線，但上台後越發強硬和不容異見。布拉格之春和杜布切克所希望的「帶有人性面孔的社會主義」都成為歷史。胡薩克用非暴力的手段搞黨內清算——稱為「正常化」——捷克斯洛伐克再度回到嚴格的共產黨專政。

第四點，也是最後要指出的一點是，後赫魯雪夫時代的蘇聯領導人強化了蘇聯的軍事實力。布里茲涅夫—柯西金團隊決意扭轉古巴飛彈危機時的羞辱，迅速增加蘇聯的國防支出。到了一九六〇年代末，西方已經承認蘇聯軍力在許多方面和美國一樣強大。不只是傳統軍力而已，在核武方面亦然。任何有質疑的人現在都要承認，蘇聯是和美國一樣的超級強國。

第一個承認蘇聯超強地位及其對世界和平威脅的西方政治家，乃是西德社民黨的威利．布蘭特。他在一九六九年當上西德總理，立刻著手和共產集團改善關係，此即為「東進政策」。幸運的是，莫斯科回應了他的示好，西方和共產世界的關係在一九七〇年代上半期明顯改善。雖然史達林主義和後史達林時代的政策讓蘇聯得以發展出世界級的重工業和國防工業，但輕工業——尤其是關於民生消費——嚴重落後。蘇聯希望和西方改善關係以取得西方的科技和知識，特別是在民生消費品方面。

於是，雖然許多西方人還是批評蘇聯及其衛星國家對待異議知識分子和

---

12〔譯註〕布里茲涅夫主張，社會主義國家的主權應受到社會主義國家陣營共同利益的限制，其他社會主義國家的主權是有限的。蘇聯在這個社會主義大家庭裡是大國，應當承擔大國的責任。

罷工工人的方式，世界兩大集團的關係卻有大幅改善。這就是所謂「低盪」（détente，即降低緊張）時期，即東方和西方緩和關係、降低衝突。雙方自一九四〇年代末進入所謂冷戰，到了一九七〇年代初，許多人希望冷戰能接近落幕，雙方不再敵對的光明未來即在眼前。「低盪」的高峰在一九七五年，西方和蘇聯集團經由「歐洲安全與合作委員會」簽定「赫爾辛基協議」。這份協議分成三部分（或三大類），但幾個月後就清楚看出，雙方重視的東西並不相同。雙方都同意以安全為主的第一大類，但蘇聯集團更在意第二大類（經濟、科學和技術合作），以及第一大類中確認歐洲現有國界的條款。相對的，西方則更重視第一大類中要求雙方重視人權的條款（第七條原則），以及以旅行和資訊自由為重點的第三大類。也就是說，協議中有很多部分是為了安撫那些西方人士——他們批評西方領袖和不尊重公民個人權利的國家改善關係。

很快地就清楚了，共產國家對協議中的第七條原則和第三大類只是口頭敷衍。一些共產國家的知識分子組成赫爾辛基協議觀察團體，監督政府的人權表現。首開先河的是尤里·奧爾洛夫所領導、在蘇聯成立的團體，但蘇聯當局鎮壓了這群人，在一九七八年審判和監禁了許多帶頭分子[13]。另外還有捷克斯洛伐克的「七七憲章」，這個團體成立於一九七七年，旨在監督捷克政府的人權紀錄。和蘇聯同志一樣，捷克斯洛伐克當局很快就嚴厲鎮壓了這個團體，尤其是該團體領導人劇作家瓦茨拉夫・哈維爾等人。約當在這些事件於共產世界發生時，美國人選出了以爭取全球人權為首要職志的新總統吉米・卡特。在這種情況下，一九七〇年代初的「低盪」迅速降到冰點，冷戰狂潮強烈回歸。

13　一九七五年八月，芬蘭首都赫爾辛基舉行國際安全與歐洲合作的會議，共有三十七個國家（包括美、加，以及除了阿爾巴尼亞、安道爾之外的全部歐洲國家）簽署了這項協議。其中第三部分強調人權，包括移民自由，文化交流和出版自由。一九七六年蘇俄物理學家尤里・奧爾洛夫在莫斯科成立「莫斯科赫爾辛基小組（Moscow Helsinki Group）」，宗旨是推動赫爾辛基協定能在俄羅斯境內推行。奧爾洛夫也因此服刑九年。

## 亞洲和其他地區的主要變化

約莫當蘇聯新領導團隊上台時，毛澤東開始奪回他在中國的地位。他在一九六〇年代初一度被晾在旁邊，現在要再度成為無可置疑的領袖。正是在這種情況下，他在一九六六年發動了無產階級文化大革命。雖然文革最極端的時期只到一九六九年，但後毛澤東時代的中國史家都把文革結束定在一九七六年，也就是毛澤東去世那一年。

從很多方面看來，文化大革命是權力鬥爭的產物，也是有關什麼才是中國社會最好結構的不同觀點的衝突。當時有所謂「兩條路線」，一條由毛澤東代表，一條由劉少奇代表。毛澤東認為中國變得太官僚化和科層化，但劉少奇認為國家要有秩序和有效率的發展，專業主義和科層組織是必要的。兩條路線各自吸引了黨和國家機器內的不同分子。軍方和新的準軍事青年革命團體——紅衛兵——普遍支持毛澤東，劉少奇的支持者則在黨和國家官僚內部。

文化大革命在中國造成浩劫，被後毛澤東時代的領導人視為嚴重錯誤。在文革高潮時，僅僅只是聽「錯誤」的音樂類型（例如貝多芬等歐洲古典音樂）或閱讀「資產階級」的文學作品，就可能惹上麻煩。如同一九三〇年代的蘇聯人民，許多中國百姓都活在對當局的恐懼之中。就某些方面而言，許多倖存的中國人民比蘇聯人還要慘。受過教育的人會被指控有「資產階級」特性，只是因為教育水準比較高。如果他們是城市居民，就可能被迫到鄉下去勞動。據後毛澤東時代中國當局的估計，有七十三萬人在文革期間遭到迫害，其中有三萬五千人直接死亡。西方有些估計的數字更高，死亡人數達幾百萬。但無可爭議的是，毛澤東的狂熱和權力鬥爭嚴重影響了幾億中國人。這無疑是中國共產黨史上最糟糕的時期，雖然死於大躍進的人數更多。一九七六年九月毛澤東死後，他身邊四個領導人——包括他妻子在內——都被逮捕。四年後，「四人幫」受審判，因為文革期間對中國人民犯下的罪行被判刑。其中兩人被判監禁，另外兩人死刑（後來改為無期徒刑）。四人幫大審是一場表演，某種意義上也是文革那種濫刑強迫恐怖手段的延續，但它也為一段悲哀的中國歷史畫上句點。

和其他共產國家一樣，中國沒有最高領導人接班的正式機制，所以毛澤東死後也有一番權力鬥爭。主要競爭者有毛澤東指定接班的華國鋒——據傳是毛澤東的私生長子——還有在文革期間被批評太過「官僚」和「務實」的鄧小平。到了一九七八年，鄧小平明確掌權，在中國發起另一場革命。但這場革命沒有動用恐怖和迫害。這是一場從鄉村發動的、對於經濟管理方式的革命。鄧小平堅信必須解放群眾的企業精神才能讓中國進步，鼓勵占人口最大宗的農民要有私營積極性。只要能改善中國老百姓的生活，鄧小平不在意別人批評他搞資本主義。正如他的名言：「不管黑貓白貓，只要能抓老鼠的就是好貓」。從任何標準來看，他的政策都非常成功，為中國在二十一世紀初的經濟成就打下基礎。

一九七〇年代，共產主義也在亞洲其他地區攻城掠地。越南在一九四〇年代中期就被共產黨掌控，一九五四年趕走法國殖民者後分裂成兩個國家。北越維持共產黨統治，南越則在一九五五年成立共和國，高度親西方（尤其是美國）。南北越衝突加劇，在一九六〇年代展開內戰。美國動用包括軍事手段在內的各種方式支持南越，很快就直接捲入越戰。不幸的是，南越和美國都嚴重低估了北越共產黨的軍事能力和意志。在胡志明（一九六九年去世）及其接班人黎筍的政治領導、以及武元甲將軍的軍事帶領下，北越成為美國及其盟邦（包括澳洲）和南越的強大對手。一九七三年，美國承認失敗。兩年後，南北越統一在共黨統治之下。與此同時，共產主義也擴張到越南的鄰國柬埔寨和寮國。共產主義高奏凱歌，而西方還在撫平傷口。

一九七〇年代，共產主義在亞洲戰勝西方的自由資本主義，但共產主義在亞洲的最後一場勝利也讓西方決心對共產主義反撲。轉捩點是蘇聯軍隊在一九七九年十二月進入阿富汗。和一般人認為的相反，蘇聯進軍不是為了建立共產主義，因為阿富汗在一九七八年四月已經由共產黨掌權。蘇聯入侵阿富汗是為了撤換共黨領導人。原來的阿富汗共黨領導人是強硬派，但政績不佳，越來越不得民心。但如果不是這個地區的伊朗發生政變，這對蘇聯也不重要。富有石油的伊朗在一九七九年落入伊斯蘭基本教義派領袖何梅尼之手，他強烈反對西方。蘇聯希望在喀布爾換上一個溫和派的共黨領導人，如此可一石二鳥。一方面，他們可以向鄰近穆斯林國家證明紅與綠——共產主義和伊斯蘭——可以共存。若能做到這一點，蘇聯對中東就會有更大的影響力。另一方面，如果能和越來越反西方的中東國家改善關係，蘇聯就能拿到這個地區的「黑金」，也就是石油。這就是為什麼蘇聯要撤換原來的阿富汗共黨領導人（塔拉基和阿明），換上較溫和的卡爾邁勒。

如上所述，蘇聯進軍阿富汗是壓倒駱駝的最後一根稻草。西方越來越擔憂共產主義在一九六〇年代末和一九七〇年代的擴張，不只在東南亞，還有非洲。一九六八年在剛果、一九六九年在南葉門、一九七二年在貝寧、一九七四年在衣索比亞、一九七五年在安哥拉和莫三比克，共產黨和親共領導人接二連三奪權。在一九八〇年代之始，西方大國換上新一代更堅定反共的領導人，最主要是英國的柴契爾夫人（一九七九）和美國的隆納．雷根（一九八〇）。風向開始轉變，共產國家對外擴張的好日子即將結束。

## 團結工聯、戈巴契夫及共產政權的滅亡

在一九八〇年代初的共產黨歷史上，波蘭團結工聯的出現無疑是最重大的

事件。在所有親蘇聯國家中，波蘭是讓共產黨最頭痛的。除了一九五六年的事件，還有一九六八年、一九七〇—一年和一九七六年的群眾動亂。但這些動亂都比不上一九八〇—一年新的獨立工會——團結工聯的出現，它不只在成員數上壓過共產黨，還一度被共產黨正式承認為合法組織，直到一九八一年十二月宣布戒嚴為止。

如同過去大多數事件，一九八〇年動亂的導火線也是經濟問題。四月，波蘭共產黨提出要取消食物補貼，由於共黨領導人提供給波蘭人的就只有食物和住房，這種主張是非常危險的。七月初，一些食物補貼真的被取消，工廠附設商店——多數波蘭人都在這種商店買肉——的肉品價格上漲了四到六成。波蘭工人這回不像過去立刻罷工，而是選出代表去和工廠幹部談判，要增加工資來彌補物價上漲。令人意外的是，波蘭當局居然同意這種談判。然而很快就發現，原來當局是想製造工人對立，因為大工廠能談出的工資比較高。但共產黨的策略失敗了，工人表明不想被共產黨製造的不平等政策所分化。當波蘭工人認清當局的圖謀——分而治之，各個擊破——他們就開始罷工。

一九八〇年八月中，格但斯克列寧造船廠的幹部開除一名工人領袖，工人發動罷工。局勢開始升高，幾天後，格但斯克和兩個鄰近城市的工人聯合對工廠幹部和共產黨提出二十一條訴求。工人還成立「跨廠罷工聯合委員會」，這就是團結工聯的前身。

愛德華・吉瑞克領導的共產黨拒絕二十一條訴求，罷工延燒到波蘭全境。吉瑞克顯然想找代罪羔羊，他罷黜了總理，軟硬兼施來對付急劇升高的困難局勢。他一方面承認「跨廠罷工聯合委員會」存在及其和政府談判的權利，一方面又暗示蘇聯可能會干預，逮捕帶頭的異議知識分子和工人。棍棒策略激化了局勢，更多波蘭工人出來罷工。雖然波共政治局多數都贊成派出軍隊終止罷工，波蘭軍方高層卻警告共黨領導人說，他們無法保證部隊的忠誠度，許多軍人可能會和工人站在一起。

在這種情況下，波蘭共產黨同意和罷工領袖談判，其中最有名的是萊赫・華勒沙。到了八月底，雙方簽署格但斯克協議。波蘭人民興高采烈了幾天，但很快有徵兆顯示當局想要違反協議。最明顯的跡象是吉瑞克在九月初辭職，換上了從一九七一年以來負責安全和軍事的斯坦尼斯瓦夫・卡尼亞。面對政策翻轉的可能性，工人委員會決定堅持到底，不再接受敷衍。波蘭各地的工人領袖在九月底集會成立團結工聯，拒絕投降。當局開始騷擾罷工工人，團結工聯則發動接下來連續十五個月的罷工。

團結工聯一直運作到一九八一年十二月，此時波蘭當局已失去耐心。當年十月上台的新領導人沃伊切赫・賈魯塞斯基，在十一月與華勒沙和波蘭天主教會格蘭普主教會面共商未來。共產黨警告團結工聯要和共產黨合作收拾經濟局面，但華勒沙堅持一定要成立一個獨立於共產黨的新機構（可以有共產黨員參加），團結工聯才會加入合作。會談失敗，團結工聯愈益激進化，蘇聯和其他東歐共黨領袖對波蘭局勢越發不安，這些因素促使賈魯塞斯基在一九八一年十二月宣布戒嚴。團結工聯受到更多騷擾，但居然到一九八二年十月才被正式禁止，這顯示波蘭領導階層意見不一。禁令實施後，波蘭領導人有信心掌控局面，在十二月暫停了戒嚴，直到一九八三年七月才完全取消。

當波蘭取消戒嚴時，蘇聯局勢也有重大發展。布里茲涅夫在一九八二年十一月死於任上。雖然蘇聯還是沒有正式的領導人接班機制，但他們已學到長期爭奪領導權不利穩定，很快就順利換上新領導班子。這次是前國家安全委員會（KGB，格別烏，祕密警察）頭子安德洛波夫當上新領導人。雖然安德洛波夫對蘇聯有些溫和改革的計畫，但他只上任十五個月就去世了，計畫來不及實施。這次換上的是比較傳統沉悶的契爾年科。但他在位比安德洛波夫更短，只當了十三個月就去世。如果安德洛波夫和契爾年科在其他蘇聯資深領導人眼裡是守成者，一九八五年三月在莫斯科上台的那個人絕對不是。諷刺的是，許多評論家都認為這位新任總書記要對共產主義崩潰負最大責任。此人就是戈巴契夫，他有一套很認真的長期改革計畫。他和任何前任領導人都不一樣——比較見多識廣、比較願意討論、比較開明、比較不意識形態掛帥。就連超級反共的柴契爾夫人都在一九八四年十二月表示，她願意和此人「打交道」！

戈巴契夫上台時就深知蘇聯問題重重，立刻著手處理。最嚴重的是蘇聯經濟停滯。蘇聯共產黨曾在一九六一年通過新黨綱，宣稱蘇聯的若干基本指標將在一九八〇年超越美國，例如肉品消耗量。這個目標沒有達成。事實上，雖然蘇聯一直到一九七〇年代都維持高經濟成長率，但一九八〇年代急速減緩。蘇聯現在的確落後西方，更別說趕上或超越。戈巴契夫很清楚這一點，決心讓蘇聯經濟起死回生。他提出要翻轉經濟的「改革」（重建）政策。然而，戈巴契夫很快就發現經濟改革的主要障礙來自中央官僚，從布里茲涅夫和柯西金在一九六五年試圖改革以來，他們相當程度地阻礙了重大經濟政策的推動。戈巴契夫認為要對付保守僵固的官僚系統，群眾是最有力的武器，所以他進一步提出「開放」和「民主」兩大政策，鼓勵民眾公開說出不滿。戈巴契夫希望他們把矛頭對準官僚。

不幸的是，鼓勵群眾批評共產體制的官僚很快就失控了——中國領導人早就經驗到，毛澤東一九五六—七年的「百花齊放」運動和鄧小平一九七八—九年的「民主牆」政策，都激起對共產體制的猛烈批評，出乎領導人意料之外。但和毛澤東與鄧小平不同，當民眾的批評聲浪已經過頭時，戈巴契夫並沒有緊縮中央控制，蘇聯人民以為當局這次是真心鼓勵公開討論，於是批評得更加猛烈。但他們不只批評官僚體制，一旦鍋蓋被打開，蘇聯的政治、歷史和社會等各個面向都成為公開討論的議題。發洩不滿情緒最危險的一點是，民族主義藉機在蘇聯各地崛起，剛開始是尋求自治，然後是追求獨立。

戈巴契夫知道事態嚴重，但他以為改善經濟就能安撫多數人民。此外，他還表示蘇聯人民的苦難不只是因為官僚阻礙經濟改革，還因為蘇聯把手伸得太長，想去協助和影響其他國家。於是在一九八〇年代末，他把蘇聯軍隊撤出阿富汗，逼越共撤出柬埔寨（越共在一九七九年入侵柬埔寨）。

剛開始，戈巴契夫的政策讓他在國內外大受歡迎。撤軍阿富汗具有重大象徵意義，共產世界許多人認為這表示蘇聯真的會讓各個國家走自己的道路。辛納屈主義（取自美國歌手辛納屈的歌〈我的路〉）取代了布里茲涅夫主義[14]。當匈牙利和波蘭提出要把某種多元主義導入政治體制時，戈巴契夫沒有反對，這就讓大多數東歐共產國家的人民開始相信：他們終於可以挑戰共黨政府，不用再怕蘇聯或華沙公約組織入侵。一個接著一個，從一九八九年的匈牙利和波蘭開始，東歐共產體制陸續崩解。能撐到最後的是共產黨靠自己在當地奪權的國家——阿爾巴尼亞、南斯拉夫和蘇聯本身。但到一九九一年末，這些國家的共黨政府也被推翻。不只如此，蘇聯也在一九九一年十二月正式解體，類似的發展——比較漫長和血腥——也出現在南斯拉夫。此外，共產黨也在阿富汗、柬埔寨、蒙古等地失去政權。除了在東亞和加勒比海（古巴）之外，共產政權都被推翻。即使在共產黨還勉強掌權的地方，也出現明顯的危機。最佳的例子是中國，中共不得不在一九八九年六月以武力鎮壓天安門廣場的示威群眾。當時北京和其他大城市（例如上海）的抗議人士堅持數周，要求民主、減少貪腐。但中共多數領導人不願讓步，以武力結束動亂。根據中國當局的說法，死亡人數約為兩、三百人。但許多非官方的估計則高達兩到三千人。全球的共產政權不是倒塌，就是再度顯露其醜惡高壓的一面。

14〔譯註〕一九八九年十月二十五日，蘇聯外交部發言人格拉西莫夫（Gennadi Gerasimov）參加美國電視節目《早安美國》，評論兩天前蘇聯外長謝瓦納茲（Eduard Shevardnadze）發表的一次講話。謝瓦納茲說蘇聯承認所有國家自由選擇的權利，尤其是其它華沙公約組織國家自由選擇的權利。格拉西莫夫在採訪時說：「我們現在有辛納屈主義。他有一首歌，叫做〈我的路〉。所以每個國家決定走它自己的路」。

# 第三章 共產主義的政治體制

從某方面看，共產主義的政治制度可說相對簡單，所有共產國家都是實際上的一黨制國家。但從其他方面來看，它們的政治制度又相當複雜，至少從習慣西方制度的人看來是如此。主要複雜之處在於它實際上是一種二元結構。做為先鋒，共產黨在政治系統中扮演「領導角色」，而國家負責通過和執行法律。不幸的是，黨經常介入國家負責的領域，造成政治過程的混亂和模糊。共黨領導人很清楚這一點，經常會警告黨不要重覆或取代國家的職能，但黨和國家在理論上的分工，在實踐上經常不是很清楚。因此，我們可以稱共產主義制度是一種黨國複合體。

## 黨

由於西方媒體常形容共產主義制度是「一黨制國家」，這會讓人驚訝有些共產國家在形式上是多黨制度。保加利亞、捷克斯洛伐克、東德和波蘭等共產國家都有好幾個政黨，中國、北韓和越南也允許小黨存在。然而，把這些小黨看成反對黨是大錯特錯，因為它們從來不准挑戰共產黨的地位。這種多黨制實際上是一黨專政，而不是一黨獨大，因為一黨獨大是指一些情況很不同的國家（過去很長一段時間的日本、印度和義大利）。允許小黨存在有幾個原因：有歷史原因，有共產黨想監控潛在異議分子的企圖，也有共產黨想粉飾對其國家不民主的指控。最後還有一點很明顯，大多數處於分裂狀態的共產國家（中國、東德、北韓、北越）都有形式上的多黨制度；為了對抗資本主義對手的反共宣傳，這些國家宣稱自己也有社會主義民主和多黨制度。分裂國家中唯一例外是一黨專政的南葉門。所有共產國家的小黨都要嚴格服從共產黨，所以這些允許小黨存在的國家也都是一黨制國家，雖然各國在形式上的安排可能有些微不同。

正如有些共產國家在形式上是多黨制，有些是明確的一黨制，而有些國家的黨就叫做共產黨（如蘇聯共產黨、中國共產黨、古巴共產黨），有些則不是。例如，東德的共產黨叫做德國統一社會黨，柬埔寨叫做人民革命黨，波蘭叫做統一工人黨。這通常都有歷史原因。如果名稱有「統一」這個詞，通常表示在新政權剛誕生時，共產黨曾和社會主義政黨或其他左翼政黨聯合執政。南斯拉夫的共產黨叫做共產主義者聯盟，有「共產主義」而無「黨」，這點值得特別談一下。南斯拉夫在一九四〇年代末和莫斯科分道揚鑣時，試圖和蘇聯模式有所區別，他們認為「聯盟」（一九五二年採用）這個詞比較符合馬克思的理念，而「黨」這個詞比較接近列寧。南斯拉夫做這種選擇，是為了刻意標榜南斯拉夫要走更正確的馬克思主義模式，而不是蘇聯的列寧主義模式。

儘管名稱不同，所有共產黨的結構都是按照民主集中制的原則。這裡要注意哪個是名詞，哪個是形容詞。重點是集中制，不是民主。蘇聯共產黨最後一版黨章（一九八六）對民主集中制定義如下：

1. 黨的各級領導機構從上到下都要由選舉產生；
2. 黨的各級機構要定期對黨組織和上級機構提出報告；
3. 嚴格遵守黨紀，少數要服從多數；
4. 上級機構的決定，下級機構要無條件服從；
5. 所有機關和黨的領導機構要集體工作，每一個共產黨員都要完成自己的責任和黨的任務。

在實踐上，這些原則意味著中央做出所有重要決定，下級機構只能無條件接受和執行。

各國共產黨的組織結構因為人口規模和是否採聯邦制而略有不同，但組織的基本邏輯都一樣是金字塔結構。最底層的黨組織是黨員個人加入時的層級，各國有不同的名稱。再上面是地方、區域、省級或共和國層級的黨組織。中央層級有四個主要機構——黨代表大會、中央委員會、書記處和政治局。

黨代表大會人數眾多——大多數都有幾千人——大約每五年才集會幾天。

它的任務是聽取人數較少的中央機構對上次大會以來國家發展進度的報告；在形式上決定黨和國家未來五年的總體方向；以及選舉中央委員會。實際上，黨代表大會的代表通常會被告知要投票給誰，不會去挑戰人數較少的中央機構。

中央委員會比黨代表大會人數少得多，通常是數百人。它平均每年開兩次會，一次開一、兩天。開會時，中央委員會可能討論特定主題——也許經濟、對外政策、或教育——也可能討論一系列的議題。中央委員會還負責選出每一個共產體制都有的權力核心，那就是書記處和政治局。

某個程度上，書記處和任何體制的祕書處沒有多大區別。它負責準備議程、提供資訊給政治局這個最高決策機構。作為準備議程、提供資訊的機構，書記處有很大的權力可以影響決策——既可以建議政治局要討論哪些議題，也可以決定要提供政治局成員哪些資訊來做決策。由於書記處權力很大，幾乎每一個共產體制的領導人都稱為第一書記或總書記（這兩個詞是互通的）。前面提到取代或重複的問題，因為書記處的結構幾乎就是國家各部會的縮影。書記處還有一個主要功能是管理幹部職務名稱表，這一點重要到值得單獨討論。我們現在先討論所有共產體制的政治核心，那就是政治局。

政治局的人數很少，通常在十到二十五人之間，依不同國家和不同階段有所差別，也要看是否只有正式委員（有投票權）或包含候補委員（無投票權）。他們一般每星期開一次會，有時候兩星期一次，做出所有對社會最重大的決定。政治局的實際領袖是總書記或第一書記，他也是所有共產體制的最高領導人。做為共產黨的領導人，他（從來沒有出現過「她」）通常也兼任國家元首或政府首腦。

黨的組織結構是設計來執行一系列功能的。黨的主要任務之一是為社會設定目標。理論上，黨的任務是設定長程目標，例如工業化或走向共產主義。但隨著時間過去，領導人越來越著重短期或中期目標，例如明年度或下一個五年的經濟計畫。

黨也要負責確保目標被達成——也就是目標達成率。黨的角色主要是監督，確保國家機構執行黨設定的任務。但在實際上，黨和國家機構有所重疊。雖然領導人警告黨不要取代國家機構，但經常不被全心遵守或對牛談琴，畢竟有太多黨的官僚想操弄權力。

共產黨的第三個職責是教育群眾社會化，讓人民了解社會前進的方向和原因，並接受黨的統治。當蘇聯結束史達林時代的恐怖統治後，或二次大戰後的東歐，或中國文化大革命結束後，黨如何解釋並正當化其行為就非常重要。黨用各種方式來教育群眾，包括控制教育系統、控制媒體、在選舉時與民眾直接溝通。要注意在這個脈絡下，「宣傳」這個詞在共產國家通常是正面用語。

共產黨的第四個作用是招募人才，這可說是黨控制社會最有力的武器。這主要是藉由「幹部職務名稱表」制度來進行的，了解這個東西才能了解共產黨如何控制社會。幹部職務名稱表是黨的各級書記處祕密握有的名單，上面列有各級政府中被黨認為重要的職位。這些職位不只是黨內的職位，還包括在議會、企業、教育體系、警察、工會、婦女團體、青年組織、媒體（包括印刷和電子媒體）、軍隊等各種職位。名單中最重要的職位由黨直接任免，次等重要職位的任免也要向黨通報情況。雖然在現實上，黨沒有無限的人才庫可以放到任何職位上，所以黨無法把所有重要職位都放上自己人，但幹部職務名稱表制度確實讓黨幾乎可以隨心所欲對重要職位做任免。幹部職務名稱表制度是黨的王牌。

黨的最後一個功能是和社會產生連結。雖然許多群眾動亂顯示這種連結並不總是有用，但多數共產黨都認為發展連結很重要，至少要能察知社會脈動，防範重大抗議事件爆發。

歷史的諷刺是，這些致力要建立高度平等社會的政黨，居然是全世界最菁英主義的政黨。共產黨不只容不下別的政黨——蘇聯或羅馬尼亞完全禁止他黨存在，形式上容許多黨的共產國家則對他黨嚴格控制——對自己的黨員也是精挑細選。如果還記得列寧認為共產黨就是「先鋒黨」，這一點就比較好理解。共產黨不是任何人想加入就能加入的，他們要的是社會中最有政治意識、最了解歷史的邏輯、最能致力於先建立社會主義再走向共產主義的人。共產黨的黨員數向來只占人口中的一小部分，這也就不足為奇了（如〈表一〉所示）。

從〈表一〉可以看出幾點。第一，即使在黨員最多的共產國家，和總人口相較還是很少；可惜的是，由於缺乏好幾個國家的數據，此表無法只以成年人

〔表一〕黨員占人口比例（1980年代初）及政黨制度

| 排名 | 國家 | 比例 | 是否有形式上的多黨制 |
|---|---|---|---|
| 1 | 北韓 | 16.0 | 是 |
| 2 | 羅馬尼亞 | 14.6 | 否 |
| 3 | 東德 | 13.1 | 是 |
| 4 | 捷克斯洛伐克 | 10.4 | 是 |
| 5 | 保加利亞 | 9.7 | 是 |
| 6 | 南斯拉夫 | 9.6 | 否 |
| 7 | 匈牙利 | 8.0 | 否 |
| 8 | 蘇聯 | 6.7 | 否 |
| 9 | 波蘭 | 6.3 | 是 |
| 10 | 阿爾巴尼亞 | 4.4 | 否 |
| 10 | 古巴 | 4.4 | 否 |
| 12 | 蒙古 | 4.2 | 否 |
| 13 | 中國 | 4.0 | 是 |
| 14 | 越南 | 3.0 | 是 |
| 15 | 寮國 | 1.0 | 否 |
| 16 | （南葉門） | 0.9 | 否 |
| 17 | （莫三比克） | 0.8 | 否 |
| 18 | 阿富汗 | 0.6 | 否 |
| 19 | （安哥拉） | 0.4 | 否 |
| 19 | （剛果） | 0.4 | 否 |
| 21 | 柬埔寨 | 0.01 | 否 |
| 22 | （衣索比亞） | 0.006 | 否 |
| 23 | （貝寧） | 0.005 | 否 |

註：括號中的國家是那些存在爭議的共產國家。

口數呈現，那樣會比較精確。第二，一般可以預料的趨勢是，較晚出現的共產國家──非洲和東南亞──其黨員比例要比較早出現的共產國家來得低；但要注意的是，最早的兩個共產國家──蘇聯和蒙古──其黨員比例並沒有最高。第三，一般趨勢是經濟較發達國家的黨員比例要比較不發達的國家為高。最後，和直覺相反，容許共產黨以外政黨存在的國家，其黨員比例並不比只容許共產黨存在的國家來得低。事實上正好相反。

最後來談談米洛萬．吉拉斯[1]所說，共產黨員變成「新統治階級」的觀點。就共產黨對社會的控制來說，「統治」這個詞是完全無誤的。但正統馬克思主義是以所有權（財產）來定義階級，用統治**階級**來形容共產體制就不是那麼恰當。一方面，由於共產黨掌握生產工具，我們可以說他們形成了一個階級。但另一方面，雖然共黨高幹通常都比一般百姓富裕，有很多額外收入，但他們並不擁有生產工具。此外，雖然偶有例外，他們一般並不能把特權傳給下一代。我們最多只能說共產黨的「高幹」（全職的專業共黨幹部）形成了統治階級，不能說所有共產黨員都是統治階級。

## 國家

若說共產黨要指導或引領社會，國家的任務則是通過法律、解釋和適用法律、保衛國家。國家由立法部門、部會、地方議會、法院、警察（包括祕密警察）和軍隊組成。

共產國家的立法部門多數是一院制，只有三個聯邦制國家是例外（捷克斯洛伐克、蘇聯和南斯拉夫），有上下兩院。多數立法機構叫做全國大會或人民大會，除了蘇聯叫「最高蘇維埃」（Soviet就是議會）和中國叫全國人民代表大會。有些評論者把共產國家的立法部門稱為國會，但這幾乎完全是誤導。「國會」（parliament）一詞源自古法語，是講話或發言的意思，在英語中則是指進行討論的全國性政治場域，也就是立法部門。列寧禁止共產黨內有派系，這條禁令也延伸到國家機構，所以共產體制下的立法部門沒有自由討論的空間，只有

1 關於米洛萬．吉拉斯可參見第五章註1。

南斯拉夫和波蘭偶有例外。東德也發生過一次例外。在其四十年的歷史中，東德人民大會只有一次不是全體一致投票：那發生在一九七二年，東德共產黨允許基督教民主聯盟對新的墮胎法草案按照良心投票。但這次投票完全威脅不到共產黨的地位，也不代表公開反對。整個過程都被嚴密控制。

在某些方面，共產國家的各部會和西方制度沒什麼不同，有外交部、內政部、對外經貿部、教育部等等。但還是有重要差別。第一，由於共產黨不相信市場經濟，相信國家對經濟的控制，所以比資本主義制度多出許多部會在處理經濟問題。不只有對應特定產業的部會，產業底下還可再細分（例如蘇聯有各種工程部會）[2]。此外，由於多數共產國家都強調未來發展的經濟計畫，就有一個如同超級部會的國家計畫單位[3]。第二個和若干西方國家（例如英國，但西德不算）不同之處是，各部會官員必須完全忠於執政黨（官員通常為黨員）；文官應該和政治上級保持距離的觀念，在共產體制中完全不存在。

就算再中央集權的制度也無法從首都管到一切，像蘇聯和中國這種巨型國家更是如此。所以共產國家也要有地方政府。但地方政府的權力因時因地而有別。至少在理論上，南斯拉夫地方政府的權力最大，它們有自我管理的制度。近年來，中國地方機關的權力也明顯擴大許多。

所謂依法而治的一個關鍵是，法院應該高度獨立於政治體制中較有黨派色彩的部門。但共產體制中沒有這回事。法院應該首先忠於共產體制，而不是法律。在實際上，凡是被送到法院的人，通常就被假設是有罪，而不是無辜的。人民有權向最高法院申訴被「制度」不公平對待的觀念幾乎沒有。

多數共產國家的警察都分為一般警察和保安（或祕密）警察。前者處理非政治犯罪，後者處理和國家安全有關的情報。實際上，這表示保安警察——例如蘇聯的格別烏、東德的「史塔西」、羅馬尼亞的「安全局」、中國的國安部——通常著重在處理政治異議人士。保安警察的首腦一般都手握大權，通常也是政

2〔譯註〕例如，蘇聯有無線工業部、通信部、機器製造部、中型機械工業部、重工業委員會等等。中共早期也有煤炭工業部、電子工業部、冶金工業部、機械工業部，而機械工業部最高曾分為八個部。

3〔譯註〕例如中共的國家發展計畫委員會。

治局成員。事實上，前格別烏頭子安德洛波夫還當上蘇聯最高領導人。

軍方在共產國家也扮演重要的政治角色；同樣的，軍方首腦通常也是政治局委員。有些共產國家的軍方高層有時會當上國家最高領導人，例如波蘭的賈魯塞斯基將軍，顯示出軍方的重要性。此外，文人領袖有時也會自兼武裝部隊總司令，最好的例子是古巴的費德爾・卡斯楚，他經常穿軍裝公開亮相。有些國家的軍方有時也會擔負行政管理職務，或在必要時出動緊急任務，例如收割，毛澤東時代的中國和古巴共產政權初期尤為如此。共產國家的軍隊和西方軍隊一樣是科層化組織，雖然中國在文化大革命時曾一度廢除區別軍官與士兵的軍銜制。徵兵是義務役，雖然有些國家如東德允許因良心而拒服兵役者改服社會役。最後還有重要的一點是，雖然共產體制下的軍隊通常是很忠心的，但軍方高層有時也會挑戰和暗算黨的文人領袖，著名的例子有一九六〇年的阿爾巴尼亞、一九六五年的保加利亞、和一九九一年的蘇聯。

## 選舉

既然共產體制是一黨制和高度中央指揮，它們居然有選舉是很怪異的。要理解這一點，就要先拋掉西方把選舉看成是讓民眾選擇候選人與政黨來出任公職的觀念。雖然有些共產國家在一九八〇年代把一些選擇的元素加入選舉之中（有些國家如匈牙利還要更早），但絕大數還是掌控在共產黨手上。因此，非共產黨候選人要經過共產黨嚴格審查才被允許參選。另外，由於共產國家的全國性立法部門通常有代表配額——依據性別、階級、種族——選舉自由就受到嚴格的結構性限制。

所以共產國家的選舉到底是什麼呢？首先，有些共產國家確實允許選民有限度（不具威脅）的選擇，比如候選人的人格類型——例如在一個比較有活力、但較缺乏經驗的年輕候選人，和一個比較年長、較無活力、但更有經驗和名氣的候選人之間做選擇。因此，一些共產國家的選民確實可以稍微表示不同的偏好，通常在地方層級要比中央層級的空間更大。此外，有些共產國家有輪換制度，固定要換掉一定比例的國會議員或地方議員，而這就要透過選舉，看起來也像是民主的。其次，選舉是共產黨可以和老百姓直接溝通的管道。尤其是在提名和選舉前的階段，共黨官員會直接向群眾解釋新政策，為黨國複合體的行動做辯解，有時也會聽取民怨（地方層次要比中央層次更常如此）。第三，要記得大多數共產國家在共產黨上台前極少有（或沒有真正的）民主經驗，人民的經驗和期待與老牌自由民主國家大不相同。唯一例外是捷克斯洛伐克，它在兩次大戰期間曾有蓬勃的民主制度。有些共產國家是真的相信選舉是一種教育群眾參與政治的方式，即使選舉過程受到高度控制。最後，選舉也是為了給共產體制提供正當性，既要做給自己的人民看，也讓其他國家的反共分子不好罵共產體制沒有民主。

除了柬埔寨，共產國家的投票並不是強制性的。然而，很多人相信不投票會被懲罰——可能在工作升遷或子女申請大學時。不管是不是真的，這都可以解釋為什麼共產國家的投票率出奇的高，特別是在全國性選舉。最開明的共產國家南斯拉夫的投票率最低，但也通常高於九十%，而其他多數國家都超過九十八%，阿爾巴尼亞和北韓甚至高達百分之百。

共產國家的選舉方式各有不同，有直接選舉和間接選舉，也有單一選區和複數選區。雖然許多共產國家宣稱選舉是祕密投票，但大多不具任何意義。許多人相信如果真的進到投票亭圈票，會被認為可能心存異議，所以他們會直接把選票投入沒有標記的票匭，以此證明他們接受選務機關提出的候選人。

有些共產國家到了一九八〇年代開始容許較大的投票自由，但其重要性也不能被高估。畢竟，全國性立法代表的選舉很少有真正的辯論。此外，所有國家機關都要受共產黨領導，而一般選民對共產黨的領導人是誰毫無置喙餘地。

## 公民社會

到目前為止，本章的重點都放在黨國複合體的正式政治制度。但其他政治層面，尤其是公民社會的政治角色又如何呢？

除非我們用最簡單的方式看待民主，也就是說，民主只是一種確保有常態、自由、真正具競爭性選舉的一種制度，不然，公民社會就是真正民主的關鍵因素。不幸的是，這個詞本身就人言言殊。在這裡，公民社會是指或多或少獨立於國家之外，公民能夠為了從事商業、貿易、宗教、運動、資訊或任何活動而自我組織起來。真正公民社會的兩個關鍵特徵是：它要能夠自我組織（也就是不被國家管理），還要被國家承認其合法性。這兩者缺少任一個就不是真正的公民社會。多數共產國家的人民經常被動員出來遊行或參與其他活動，但這是被國家組織的，所以這些活動不構成公民社會。雖然只有一個共產國家正式禁止宗教（一九六七年的阿爾巴尼亞），但多數國家都強烈不鼓勵，所以也沒有公民社會。至於自由交流資訊，多數共產國家的媒體都由國家掌控，這也沒有公民社會。波蘭團結工聯常被拿來說成共產國家也有公民社會，但它在一九八〇年代曾被禁數年，這表示沒有達到第二個標準（被國家完全承認）。各種群眾動亂事件乃是人民起來挑戰共產黨政府，這些也不是公民社會存在的證據，只能算是政治抗議。

## 共產國家是極權主義嗎？

一九五〇和一九六〇年代流行用極權主義來形容法西斯主義和共產主義。在共產政權崩潰後，許多來自前共產體制的評論者用極權來形容這些國家，於是這個詞又流行起來。但這個詞有多有用又是否適當？用同一個詞能否正確描述一九三〇年代蘇聯的史達林恐怖統治、一九七〇年代柬埔寨的波布政權，以及相對寬鬆的一九八〇年代的匈牙利或南斯拉夫，甚至一九五〇年代末到一九六〇年代初蘇聯的赫魯雪夫時期呢？

對極權主義最著名的論述是卡爾．弗里德里希和布里辛斯基在一九五六年合著的《極權主義的專政與獨裁》。他們在書中提出極權主義體制有六大特徵：單一的千禧福音式的意識形態（長遠的和平幸福必將到來）；單一的群眾型政黨，通常由一個獨裁者領導；國家恐怖統治；大眾傳播近乎全面被壟斷；武器近乎全面壟斷；中央計畫式經濟。這些特徵顯然符合共產國家的樣貌，但符合的程度也因時因地而不同。所以當我們用「極權主義」一詞時，最好採取相對主義的看法。也就是說，我們可以說A國家在一九五〇年代比一九八〇年代更極權，但A國家在一九八〇年代還是比B國家在一九八〇年代更極權。

# 第四章　共產主義的經濟體制

西方體制和共產體制的一大差異是經濟運作的方式。要了解差異何在，就要先談一下西方體制如何運作。雖然偶有不同，所有西方體制基本上都是資本主義制度。資本主義制度的兩大特徵是以私有財產制為主，以及價格是由市場而不是國家來決定。這並不是說資本主義制度完全沒有國有制或者國家完全不控制價格。二次大戰後，很多西歐國家把部分經濟國有化，但國家一般只決定人民基本必需品的價格，例如水和其他公共事業，並提供許多公共財，例如補貼公共運輸。

西方國家介入經濟的程度和形式也有很大差異。有些人相信國家最應當介入的方式，是當經濟發生嚴重問題像零成長或負成長時，政府可以用大規模基礎建設計畫來刺激景氣，例如蓋高速公路或新機場。其背後的邏輯是，這些計畫可以對經濟其他部分造成正面連鎖反應，然後也隨之成長。這種資本主義叫凱因斯主義[1]，是英國經濟學家約翰．凱因斯在一九三〇年代加以理論化並鼓吹的。這套理論在一九三〇年代的美國風行一時（即羅斯福總統的「新政」），並在二戰後的西歐盛行了二、三十年。

但從一九七〇年代開始，一種更粗暴、更不依賴國家的資本主義形式開始在西方傳播。這就是西方政治家柴契爾夫人（英國）、海爾穆．柯爾（德國），以及經濟學家傅立曼和海耶克等人的新自由主義。這種理論認為，與凱因斯式的資本主義相較，國家應該更遠離市場。當經濟遭遇嚴重問題時，國家的解決方案不是花錢搞大型建設計畫，而是降低利率。這種理論的想法是，如果借貸資本很便宜，企業家和投資人就會向銀行和其他方借錢來投資新的計畫或升級設備，這樣就能刺激經濟成長。

然而，直到最終，東歐和蘇聯的共黨政府都沒有採取這兩種資本主義的任一形式。他們堅持認為把價格留給市場決定只會造成脫序，而鼓勵私人擁有生產工具——尤其是大規模工業生產工具——是不道德而且落伍的。

## 所有制的類型

在共產國家，大多數工廠、銀行和其他各式企業都由國家所有。共產國家稱此為生產工具的**社會所有制**。多數西方人較熟悉的名詞是**國有化**。這個詞也沒錯，但要記得共產國家的不同層級（中央、共和國、地方縣市等等）都有自己的企業。社會所有制也偶有例外，東德最後一間私有工廠（一間香水工廠）就一直到一九七二年才被國有化。

農村的所有制比較複雜。有些農場完全歸國家所有，叫做**國有農場**；在國有農場工作的人如同在工廠工作。因此他們有保證最低工資，不論自然條

1　凱因斯主義：立基於凱因斯著作《就業、利息與貨幣的一般理論》思想上的經濟理論，主張國家應該採用擴張性的經濟政策，透過增加總需求來促進經濟成長。

件（每年氣候變化）如何，也享有國家的退休金。第二種農場叫**集體農場**。它們源於史達林的經濟現代化計畫。從集體農場發展的規模和速度，可以看出史達林的重視程度。從一九二八年到一九三一年，集體農場的數目從兩萬兩千兩百個增加到二十一萬一千一百個，農戶加入集體化的比例也急速上升，從一．七%上升到五十二．七%。集體農場的土地是國家的，機器、建物、種子、牲畜等等則是由集體工作的農戶共有。集體農戶的條件通常和國有農場不相同。他們的收入變動較大，特別是受制於氣候好壞，許多人也沒有國家的退休金；要到一九六〇年代，蘇聯的集體農戶才享有退休金。

大多數國有農場和集體農場的農戶都有小塊**私人**耕地。阿爾巴尼亞是例外，不准許有這種耕地。農戶可以在自己的耕地上種植作物、飼養家畜以供個人消費，也可以賣到私人市集上。如果沒有這種私人市集，許多共產國家的城市居民就很難買到雞蛋、雞肉、兔肉等食物。波蘭和南斯拉夫進一步在農村實行私有制，多數農場都是由私人所有和經營。

然而，小塊私人耕地和私人市集並不是唯一的私營單位。除了死硬派的阿爾巴尼亞連買私家車都不准之外，多數共產國家到一九七〇年代都允許城市地區的小規模私營企業。許多共產國家在末期都有小量的私人店舖、餐廳、計程車、商人。一般原則是這些私營企業不可以雇用太多人，讓業主得以不用工作就依靠受雇者的勞動力過活。這種做法據稱是符合馬克主義的，因為不容許出現大規模資本主義或剝削。

一些共產國家還容許住房的**合作**共有制。一群人可以合資蓋公寓（通常是小公寓）當住房。共產黨的理由是這些人是合作自助，而不是創造資本剝削他人。

以上這些所有制形式都是合法公開的。但永遠有非正式的——沒有登記和紀錄的——私人經濟，其中有些是非法的。有時候，這可能只是付錢給商人或私下提供服務的人。有的時候則是以物易物。例如，水管工會幫農夫做事來換取雞肉。這種地下經濟活動不會出現在任何官方經濟統計中。

# 中央計畫

列寧認為市場只會脫序，社會主義制度必須要計畫，所以一九二一年在俄國設立了計畫單位。但在一九二〇年代大部分時期，蘇聯都沒有進行中央計畫，因為「新經濟政策」在一次大戰和內戰後刺激了經濟復甦。到了一九二〇年代末史達林鞏固權力後，他才重提計畫，認為中央計畫經濟不僅是可能的，也是應該追求的。史達林認為這種制度是把蘇聯經濟發展成都市化和工業化的最有效方法，這也是馬克思認為真正社會主義制度的關鍵前提，於是蘇聯在一九二八年實施第一個五年計畫。從此以後，蘇聯經濟就依計畫而行（多數是五年計畫，但非全部）。計畫剛開始只針對工業，但史達林很快就斷定若沒有農業，計畫是行不通的，於是把農業加了進來。

二戰後共產主義擴張，東歐和亞洲的共產國家也都採取中央計畫經濟。在多數國家，計畫是高度命令式的；雖然生產單位對未來的計畫也有發言權，但實際上非常有限。這不只是因為共產體制本就傾向中央集權，也因為唯有中央才有辦法統合幾千個生產單位的計畫。簡單說，計畫一般由中央決定，而企業和其他經濟單位只有執行。南斯拉夫是明顯的例外。南斯拉夫講求「自我管理」，其生產單位有比其他共產國家更大的決定權。它的計畫比較有彈性，越來越走向指導式的而不是命令式的。中國近來則走向「雙軌制」，試圖把時有衝突的計畫和市場結合起來。

共產黨聲稱中央計畫經濟比市場經濟有更多優點。一是可以有意識的把經濟帶領到最有利的方向，可以理性的按照產業、部門、地區、階級和種族來分配和制定優先順序。另一個宣稱的優點是，中央計畫經濟可以按照生產投入（包括勞動力）和使用價值來訂定穩定、公平和合理的價格，而不是被市場的偶然性所決定。馬克思曾批評資本主義體系的定價方式，也就是價格反映了商品或服務的供需平衡，此即市場經濟學家所說的均衡理論。在他看來，一樣東西的真實價值決定於把它生產出來的勞動量及其效用；多數共產體制都聲稱自己的價格政策符合這種價值理論。第三個所謂的優點是，中央計畫經濟能夠抵擋外部壓力，包括今天所稱的全球化。最後一個優點，中央計畫經濟可以實現完全就業。

雖然中央計畫經濟有一些優點，例如許多必需品可以長期穩定維持低價，失業率也不像西方那麼高，但在實踐上也有許多缺點。一是在現實中，多數共產體系內個別團體謀求己利的力量並不平等。在蘇聯體制中，所謂「鋼鐵怪獸」（軍火和重工業）要比輕工業更有影響力，坦克和槍炮一定充足，但消費品嚴重短缺。這表示許多共產國家的經濟是很扭曲的（即不平衡），有些產業很發達，有些產業很落後。雖然從一九六〇年代起試圖加以矯正，但最多只是稍有成果。

另一個問題是，隨著經濟越來越複雜，生產計畫也越來越難制定。這導致計畫越來越趨於保守或漸進——只在小處增減，很難有別的作為。這種縫補式的做法就是計畫者和經濟學家所稱的「棘輪效應」[2]。

也因為如此，中央計畫經濟越來越無法創新。要引進新設備、新技術和新觀念也越來越困難，因為很難和現有的生產做整合。

第四個問題是價格被扭曲，因為價格**本身**無法反映真實需求到底是供給過剩還是不足。在共產主義經濟中，很多定價是非理性的，既不是根據勞動成本或效用，也無法告訴生產者需求何在。

同樣的，由於價格沒有反映真實的訊息，商品的品質就普遍低落。品質也可能受到「風暴」問題的影響：由於產量是由計畫決定的，工人也沒有勤奮工作的動機，工廠就會在大部分計畫期間慢吞吞的工作，然後在計畫快到期時火力全開、高速運轉以完成計畫，這當然會影響到商品品質。

工人不想更勤奮、更有效率地工作是有原因的。由於生活必需品很便宜——住房、水電、公共運輸等——又沒有高品質的消費商品，工人就沒有勤奮工作的動機（因為需求很少，也沒什麼可以買），這就對勞動生產力造成負

2〔譯註〕「棘輪效應」指一個行為在經過了一個階段之後，就無法逆向返回，就像機械棘輪以一個方向運轉，彈簧會被鎖住而無法返回；通常指人的消費習慣形成之後有不可逆性，易於向上調整，而難於向下修正。在計畫體制中，企業的年度生產指標是按照上年度的生產量來調整的，上年度產量越大，下年度的生產指標就會被調高，企業就更難達成任務，因此企業幹部就會隱瞞實際生產能力，或根本不想從事創新來改善生產力，以免指標越來越高。這也就導致計畫體制的效率越來越低落。

面影響。

完全就業或接近完全就業對社會看似好事，卻經常導致勞動市場的扭曲。雖然對個人而言是殘酷的，但經濟活力需要有彈性的勞動力，過度安定的就業安排不利於長期的社會利益。共產主義經濟經常有某些產業人手短缺，某些產業的工人卻就業不足[3]或從事乏味的工作，就證明了這一點。

雖然共產國家常說各生產單位之間也有「社會主義競爭」，但由於共產主義經濟幾乎沒有真正的市場力量，這就不利於競爭。共產主義經濟還試圖不受國際市場影響，這就讓競爭更加不足，對質量、選擇和價格也造成負面的連鎖效應。

理論上，共產國家的經濟控制應該非常有辦法讓經濟發展不要傷害到環境。但實際上，共產國家不顧一切發展經濟，環境永遠擺在最後，所以大多數東歐國家雖然平均工業發展是落後的，但在一九八〇年的環境問題卻比西歐國家更嚴重。以後見之明看來，破壞環境就是共產主義中央計畫的最大敗筆之一。

最後一點是，有些評論者根本不用「中央計畫經濟」一詞，而用「指令型經濟」。意思是生產的優先順序根本是由上面指定的，是根據政治考量而不是經濟和人民所需。用這個詞的意思是，這種經濟管理根本不是「計畫」二字所意味的是出於理性，而是出於專斷的政治控制。

## 經濟改革的嘗試

到了一九六〇年代，許多共產國家領導人都認識到一定得處理經濟問題。如果他們想趕上和超越西方，那就非改變不可。於是出現一系列的經濟改革方案以提高經濟表現、增加消費性商品的供應。東德在一九六三年提出「新經濟制度」首開先河。蘇聯和南斯拉夫也接著在一九六五年九月提出改革方案，而許多分析家認為最激進的是匈牙利一九六八年的「新經濟機制」。雖然每個國

3〔譯註〕就業不足是指工作者受雇於某一無法使其最大生產力充分發揮的職位，工作者可能無事可幹或遊手好閒時間甚多。

家的改革方案都有獨特性，但也有許多共通點。其中之一是經濟決策權部分下放，中央機關把部分權力下放給企業單位。匈牙利的「新經濟機制」就去除掉大部分的中央計畫，普遍被認為最成功，但匈牙利經濟在一九七〇年代後半也開始趨緩。

由於一九六〇年代的大多數經濟改革都失敗，許多共黨政府又在一九七〇年代提出進一步改革。最重要的舉措是，一些東歐國家和蘇聯開始把好幾個企業合併成一個大型單位，按不同狀況稱為聯合、集團或公司。這種東西不是一九七〇年代才出現，但許多國家很重視，且數量大幅增加。不幸的是，不管對共產黨還是消費者來說，經濟數據都顯示這些改革還是沒用。

## 中央計畫經濟的表現

要評斷共產主義經濟的表現有許多困難。其一是，由於使用不同的衡量方法，這就很難和非共產體制比較、或甚至在共產體制間作比較。因此，南斯拉夫用不同的方法計算總體經濟成長（物質生產毛額），有別於中國在一九八五年之前、以及經濟互助委員會成員國的方法（物質生產淨額），而兩者都不同於西方經濟成長的計算方法（國民生產毛額）。這裡不需要了解這些方法的差別，只要知道有這些方法存在，難以直接比較。用物質生產淨額計算的成長率會比用國民生產毛額計算來得高，因為它不包含大部分服務業。與方法同樣嚴重的問題是統計資料的可靠性。許多共產國家的統計官員在一九九〇年代承認，他們有時候會因為政治原因被要求調整數據，讓數據好看。有時候，特別是在早年，共黨當局根本就不發布重要的統計數據。部分是出於這個原因，部份是為了更準確了解共產世界的情況，西方學界和情報機關都會自己做估算。基於這些因素，共產國家的經濟成長數據就必須很小心使用，不可盲目輕信，不要以為它們一定是正確的。懷抱警惕在心，（表二）列出幾個共產國家的經濟成長狀況。這些數據是共產國家自己的數據，最突出的就是多數共產國家在一九五〇年代和一九六〇年代的成長率都相當高，然後在一九七〇年代趨緩，一九八〇年代更為降低。但古巴在五〇年代中並非如此，而中國在一九八〇年

〔表二〕1951到1989年間，幾個共產國家平均每五年的經濟成長率（多數以物質生產淨額計算）

| | 51-55 | 56-60 | 61-65 | 66-70 | 71-75 | 76-80 | 81-85 | 86-89 | 86-90（計畫） |
|---|---|---|---|---|---|---|---|---|---|
| 阿爾巴尼亞 | | | 5.7 | 8.8 | | | 2.0 | 3.3 | c.6.0 |
| 保加利亞 | 12.2 | 9.7 | 6.7 | 8.6 | 7.9 | 6.1 | 3.7 | 3.1 | 5.4 |
| 中國 | 10.9 | 5.1 | 5.2 | 8.0 | 5.3 | 5.9 | 9.3 | 8.9 | 7.5 |
| 古巴 | | | 3.8 | 0.4 | 14.7 | 3.8 | 7.3 | 0.0 | 5.0 |
| 捷克斯洛伐克 | 8.2 | 7.0 | 1.9 | 6.8 | 5.7 | 3.7 | 1.8 | 2.1 | 3.4 |
| 東德 | 13.1 | 7.1 | 3.5 | 5.2 | 5.4 | 4.1 | 4.5 | 3.1 | 4.6 |
| 匈牙利 | 5.7 | 5.9 | 4.7 | 6.8 | 6.2 | 2.8 | 1.4 | 0.8 | 3.0* |
| 波蘭 | 8.6 | 6.6 | 6.2 | 6.0 | 9.7 | 1.2 | -0.8 | 2.9 | 3.3* |
| 羅馬尼亞 | 14.1 | 6.6 | 9.1 | 7.7 | 11.2 | 7.2 | 4.4 | 1.6 | 10.3 |
| 蘇聯 | 11.4 | 9.2 | 6.5 | 7.6 | 5.7 | 4.3 | 3.2 | 2.7 | 4.2 |
| 南斯拉夫 | 7.5 | 11.8 | 6.5 | 4.7 | 5.9 | 5.6 | 0.7 | 0.4 | 4.0 |

註：*取稍早和較晚的計畫預估的平均值

代也是例外。

但總體經濟成長率並非衡量經濟表現的唯一方法。根據共產國家自己的優先順序，還可以用失業率、通膨、勞動生產力和基尼指數[4]來衡量。

多數共產國家都自稱沒有「結構性的失業」。這句話的意思是，當一個人的工作已經不再被需要時——可能是因為工廠的技術現代化——他也不會因此無限期失業。這個人會被重新訓練，訓練期間也有工資。共產政府很少承認有「就業不足」的情況，尤其是在農村地區。共產世界中最透明的是東歐的體制，南斯拉夫沒有隱瞞失業，一九七〇的官方數字是七．七%，一九八〇年是十一．九%（國際勞工組織數據）。其他共產國家的失業率多是西方估算得出的（例如古巴在一九七九年是五．四%），雖然中國近年來也會公開承認有結構性失業。

4 基尼指數：基尼指數是指基尼係數乘以一百倍作百分比表示。基尼係數是義大利經濟學家Corrado Gini於一九二二年提出的分析指標，用來綜合考察內部居民收入分配差異狀況，反映出居民之間貧富差異程度。基尼係數介於0與1之間，數值越大表示居民之間的收入分配越不平均。

共產國家也常自稱低通膨或零通膨。但這種說法並不坦誠。通膨之高有時明顯可見，食物價格高漲就曾導致一九六二年的蘇聯群眾抗議事件，波蘭也發生好幾次。通膨通常是被隱瞞，或經濟學家稱為被壓抑住的。最明顯的徵兆是短缺和配給，這和物價高漲一樣是經濟不平衡或不均衡的表現。在一九八〇年代，古巴和羅馬尼亞要配給的食物有一長串清單，波蘭的清單比較短，有這種清單存在就表示通膨是被壓抑住的。

在早期，多數共產經濟的高成長率是透過極端手段來達成，尤其是動員勞動力（也就是增加工作人口的比例，一般是動員女性）。但當經濟體已充分吸納這些額外勞動力，進一步成長就要採取更激烈的手段。最主要的手段是提高勞動生產力，讓工作更有效率。但前面講過的缺乏創新與動機的問題，使得多數共產國家的勞動生產力根本無法提高到足以趕超資本主義對手。

雖然共產國家從未宣稱達成經濟完全平等，但其收入差距理論上應該要比市場經濟為低。最常用來衡量收入差距的方法是基尼係數，其計算方式是隨機抽出兩個人，以兩人預期收入差距的一半再除以總人口的平均收入。事實上，分析蘇聯歷年來的收入分配可發現某些時期比較平均，可見其分配政策並沒有一致性。然而，若比較幾個一九八〇年代末的共產國家，又可發現其貧富差距比一些西方國家為低。基尼係數可用〇到一〇〇的百分比來呈現，稱為基尼指數：百分比越高，收入差距越大，也就越不平等。在一九八六年，捷克斯洛伐克的基尼指數是十九．七%，在東歐國家中最為平等，而匈牙利是二十二．一%，波蘭是二十四．二%，俄國是二十七．六%。相較之下，英國當時的指數是二十六．七%，比幾個東歐國家要高，但略低於俄國。

共產主義經濟的運作方式和資本主義大不相同。國家干預比較深，市場那隻「看不見的手」不只看不到，甚至可說不存在。但儘管有種種缺點，共產體制在把農村經濟轉型成城市工業經濟上還是比較有效率的。共產政權初期也有很高的成長率。不過，大部分國家在從農業轉型成以工業為主時，都享有很高的成長率。此外，雖然許多共產經濟在二次戰後有很高的成長率，但大多數經濟體在從戰後復甦時也都如此。所以，儘管常有人說共產主義搞經濟現代化比較有效率，但也要注意到，許多非共產國家表現得和共產國家一樣好，甚至更好。例如，雖然中國在一九六五年到一九八〇年的平均成長率六．四％看來很高，但實際上還低於同期間的巴西、印尼、南韓和泰國。

所以，如果要說共產主義經濟的成就，那主要是為大多數人民提供了基本的需求——住房、醫療、教育、公共運輸。相較之下，做為商品消費者的人民通常得不到好的服務。

但本書所說的那些後共產主義的共產國家又如何呢？在鄧小平時代，中共主張市場化和社會主義並非不能相容。這一點爭議不大，甚至也不算創新，因為其他共產國家早就主張市場有一些元素——尤其是企業間的競爭——是共產主義經濟可以接受的。一旦中國採取了市場化，第二個問題就是能不能接受私有化。有好幾年，中共對此採取創新作法：國家繼續擁有工業生產工具，但可以出租給企業家。到了一九九〇年代末，中國終於通過法律，允許私人擁有大規模工業生產工具，例如工廠。這是否代表放棄了馬克思主義？

這個問題沒有直接簡單的答案。其中一個原因是，在有些重要領域，馬克思晚年的觀點與早年已有差異。但如果我們認為馬克思總體來說較傾向決定論而非意志論，國家必須經過幾個經濟發展階段，達成工業化和都市化後才能走向社會主義和共產主義，那麼中共的觀點也不是沒道理。中國經濟自一九七〇年代末以來的成長和發展不僅令人驚艷，還足以追上西方。根據世界銀行的資料，中國在一九八七到一九九七年間的年平均成長率是十．三％，一九九七年到二〇〇七年是九．五％。而根據國際貨幣基金組織和世界銀行的資料，中國在二〇〇七年時已是世界第四大經濟體。但對中共來說，馬克思晚年必須經過幾個發展階段的觀點還留下一個問題，那就是：馬克思也認為，在真正轉型為社會主義之前，必須先經歷過資產階級民主。雖然中共用鼓勵企業家入黨來部分解決這個問題，但這種方法無疑有嚴重的矛盾。越南共產黨也面臨同樣的問題。世界銀行資料顯示，越南在一九八七年到一九九七年的年平均成長率是七．七％，一九九七年到二〇〇七年是七．二％，不論從任何標準來說都很高。但這是否能讓越共免受民主化的挑戰尚未可知，尤其當經濟碰到重大問題時。

# 第五章　共產主義的社會政策和社會結構

沒有在共產國家生活過的人經常很難了解，為什麼許多國家中都還有人懷念共產時代。畢竟，這種制度既菁英主義又不民主，多數消費商品短缺，品質低落，許多國家還會在一段期間有過恐怖統治。要理解這種懷舊之情，就要探討共產政權比較正面的優點，尤其是其社會福利政策。但要理解共產社會，又必須理解個別國家的社會分歧，以及共產黨如何處理這些問題。

## 社會福利政策

共產體制提供的公共財——例如免費教育、免費醫療、高度住房補貼（在一九七〇年代末，蘇聯人每年平均只支出三—五%的收入在住房上，而匈牙利人只支出不到十%）、以及公共運輸等等——無所不包，被稱為最終極的「從搖籃到墳墓」、「從子宮到墳墓」、或「從精子到子宮」的福利國家。

最先提出福利國家的不是共產國家，而是德意志帝國。其背後的邏輯是，一個好的國家應該承擔的責任，不只要保護子民免受外國侵略，還要一路照護子民。所以在一八八三年俾斯麥首相任內，德國成為第一個有強制性國營醫療保險計畫的國家。其他還有包括匈牙利在內的好幾個歐洲國家，早在共產黨上台以前就有很發達的退休金、醫療和其他福利方案。但共產黨把國家提供的福利提高到新的水平。這裡將著重在三個方面——醫療、教育和就業。

共產國家最優先的一項社會福利就是醫療的免費與普及。蘇聯在一九二〇年代就達成這個目標，東歐共產國家則是在一九四〇年代末。中國在一九五〇年代也近乎完成全民醫療體系，但是以公社為基礎，而非由中央政府舉辦。中國的制度傳統上偏重預防甚於治療，東歐和蘇聯則注重治療。簡言之，共產國家基本上都認為國家應該提供醫療，但制度設計有所不同，這和文化傳統差異有關。

衡量醫療體系效能的指標之一是預期壽命長短。根據官方統計，共產國家的預期壽命都越來越長。但是大多數國家也都如此，所以並不能認定就是因為醫療體系，也可能是出於飲食或工作型態轉變等因素。〔表三〕

由於預期壽命可能無法正確反映醫療體系的品質，許多分析者傾向看嬰兒死亡率：死亡率越低，醫療體系效能越高。〔表四〕的數據顯示，大多數共產國家都有相當大的進步，東德在一九八〇年末的表現甚至比許多西方國家更好。另一方面，蘇聯實際上倒退回一九七〇年代，在一九八〇年代末的表現還沒有二十年前好。古巴共黨上台的頭十年也是倒退，但之後就有長足進步。

中國近年來已放棄共產體制的標記之一，就是自一九八〇年代起從國家提供醫療轉為由私人提供。隨著市場導向經濟改革的推進，到了二〇〇二年，個人要負擔總醫療支出的三分之二，到了二〇〇五年，七十五％的中國人民無法享有國家補助的醫療。在二〇〇〇年初，世界衛生組織評鑑中國醫療體系是世界上最不公平、人均經費也最少的體制。中國政府也知道全國各地對醫療的不

〔表三〕共產國家和西方國家的平均預期壽命

| | 1935 | 1950 | 1960 | 1970 | 1980 | 1988 | 2008 |
|---|---|---|---|---|---|---|---|
| 保加利亞 | 50.1 | <64.1 | 69.6 | 71.1 | 71.1 | 71.2 | n.a. |
| 中國 | | 40.8 | 46.1 | 61.1 | 65.4 | 69.5 | 73.2 |
| 古巴 | | 59.4 | 63.8 | 70 | 73.1 | 74.2 | 77.3 |
| 東德 | | 65.9 | 68.9 | 70.7 | 71.6 | 72.9 | n.a. |
| 匈牙利 | | <63.6 | 67.8 | 69 | 69.2 | 70.1 | n.a. |
| 波蘭 | | <61.3 | 67.1 | 70.2 | 70.9 | 71.5 | n.a. |
| 蘇聯 | 46.0 | | 68.6 | 69.3 | 67.7 | 69.5 | n.a. |
| 越南 | 34.0 | | 42.9 | 47.8 | 55.8 | 62.7 | 71.3 |
| 南斯拉夫 | | 58.1 | | 68.0 | 70.4 | 71.5 | n.a. |
| 西德 | 61.3 | 67.5 | 69.1 | 70.8 | 72.5 | 75.5 | 79.1* |
| 日本 | 45.0 | 60.0 | 66.8 | 71.1 | 75.5 | 79 | 82.1 |
| 英國 | | 68.7 | 70.4 | 71.4 | 72.8 | 75 | 78.9 |
| 美國 | | 68.2 | 69.7 | 70.4 | 73.3 | 75.5 | 78.1 |

註：

1. 大多數統計數據來自聯合國數據庫；有些僅只是五年的平均值，因此，在此計算的是十年期間平均值的情況下，大多數1950年的數字是1945-50年和1950-55年這兩個數字的平均值，如果第二個五年期的平均值高於第一個五年期的平均值，則取最接近的小數點，如果後一個五年期低於上一個的平均值，就四捨五入。如果從上表某一欄所引用的年分開始，僅給出一個五年平均值，則使用「小於」符號表示。其他大多數統計數據是直接引用或根據國家統計年鑑中的數據計算得出。
2. n.a.表示不適用（不再是共產主義國家）

* 統一的德國

〔表四〕共產國家和西方國家每千人嬰兒死亡率

| | 1950 | 1960 | 1970 | 1980 | 1989 | 2008 |
|---|---|---|---|---|---|---|
| 保加利亞 | 94.5 | 45.1 | 27.3 | 20.2 | 14.4 | n.a. |
| 中國 | 195.0 | 150.0 | 85.0 | 49.0 | 38.0 | 23.0 |
| 古巴 | 32.0 | 35.9 | 38.7 | 19.6 | 11.1 | 5.1 |
| 東德 | 72.2 | 38.8 | 18.5 | 12.1 | 7.6 | n.a. |
| 匈牙利 | 85.6 | 47.6 | 35.9 | 23.2 | 14.8 | n.a. |
| 波蘭 | 111.2 | 54.8 | 33.4 | 21.3 | 16.0 | n.a. |
| 蘇聯 | 80.7 | 35.3 | 24.7 | 27.3 | 25.0 | n.a. |
| 越南 | | 70.0 | 55.0 | 44.0 | 38.0 | 19.5 |
| 南斯拉夫 | 118.6 | 87.7 | 55.2 | 35.0 | 20.2 | n.a. |
| 西德 | | 34.0 | 23.4 | 12.7 | 7.0 | 4.3* |
| 日本 | 50.6 | 31.0 | 14.0 | 8.0 | 5.0 | 3.2 |
| 英國 | 32.0 | 23.0 | 18.0 | 12.0 | 9.0 | 4.8 |
| 美國 | 29.2 | 26.0 | 20.0 | 12.6 | 9.8 | 6.3 |

註：

1. 數字是最接近引用的年分，但不超過兩年。

2. n.a. 表示不適用（不再是共產主義國家）

*統一的德國

滿，在二〇〇三年實施醫療改革，尤其要補助農村地區的貧困人口。二〇〇七年又宣布另一項重大改革。就國家對醫療的補助而言，中國最近又回到共產國家該有的做法。中國的目標是在二〇一〇年初步達成醫療全面普及。但無論如何，中國人民的健康確實有所改善，這主要是因為社經條件的改善。一九八二年的預期壽命是六十八歲，二〇〇七年拉長到七十三・二歲。

多數共產國家在醫療上都卓然有成，不該被低估，但也不該被誇大，因為有很多醫療面向表現不佳。有時候，共產體制的政治狂熱會對醫療體系發生負面影響，中國的大躍進和文化大革命就是如此。許多共產國家的醫療體系相當腐敗，病人都知道要行賄才能得到有品質和及時的治療。在某個意義上，這也是一種形式的醫療私有化。和一般以為的相反，這些體系也非常科層化，好的醫療設備都留給菁英人士，而不是一般老百姓，這就是所謂「封閉的設施」。許多共產國家吹噓自己的人均醫生數高於多數西方國家，但這可能只是因為過度醫療或醫療科技不夠先進，所以才需要更多人力。有些共產國家的預期壽命在初期有進步，近幾十年卻反而縮短了，這就顯示其醫療體系並沒有表面上那麼好。蘇聯是最好的例子，一九八五年的預期壽命（六十八．四歲）還比一九六四年（七〇．四歲）少了兩年。有些國家雖然沒有縮短，但在過去二十年的共產統治期間實質上是停滯不前，從〔表三〕就可看出。

共產國家也很注重教育。教育大部分是免費和強制的，多數國家的最低教育年限都有拉長（例如，從一九五七年到一九七〇年間，蘇聯大部分地方都從七年拉長到十年）。以提升識字率來說確實成就斐然，從〔表五〕可以看出。

雖然許多非共產國家的識字率在二十世紀都提高很多，但平均速度還是遜於共產國家。然而，共產國家的教育體系有許多缺點。一是多注重死記硬背，少發展批判和創意技能；這對某些科目也許正確有效（例如學習外語），但這也表示國家並不鼓勵個人的創造精神。與這一點相關的是，提升識字率和教育體系的結構都是為了灌輸學生共產主義的價值，沒有共產主義背景的人會難以忍受；這也妨礙個人發展出批判性的思考，此乃真正民主和更平等社會的基本權利。最後，有些僅存的共產國家近年來堅決走非共產主義的教育制度。例如，越南從一九九〇年代開始鼓勵私校教育，允許國家教育機構收取學雜費。

〔表五〕共產國家和西方國家的識字率（15歲以上）

| | 1940 | 1950 | 1960 | 1970 | 1980 | 1988 | 2008 |
|---|---|---|---|---|---|---|---|
| 保加利亞 | | >75.8 | | 92.4 | 95.1 | 98 | n.a. |
| 中國 | | >45.0 | 40 | 52.9 | 67.1 | >75 | 90.9 |
| 古巴 | | <77.9 | | 89.3 | 92.5 | 98.5 | 99.8 |
| 東德 | | >98.0 | | | 99.0 | 99.0 | n.a. |
| 匈牙利 | | 95.3 | | 98.1 | 98.6 | 99.1 | n.a. |
| 波蘭 | | >90.0 | | 98.2 | 99.1 | 99.6 | n.a. |
| 蘇聯 | 87.4 | >90.0 | 98.5 | 99.7 | 99.8 | 99+ | n.a. |
| 越南 | | >20.0 | | | 87.3 | 90.3 | 93.0 |
| 南斯拉夫 | 55 | 74.0 | 80.0 | 83.5 | 90.5 | 93.0 | n.a. |
| 西德 | | >98.0 | | | | 99.0 | 99.0* |
| 日本 | | 97.8 | | | | 99.0 | 99.0 |
| 英國 | | >98.0 | | | | 99.0 | 99.0 |
| 美國 | | 97.5 | 98 | 99.0 | | 99.0 | 99.0 |

註：

1. 沒有引用實際年分的數據，則包括最近可用年分的數據（相差不超過三年）。
2. n.a. 表示不適用（不再是共產主義國家）

* 統一的德國

結構性失業是全球性的現象，在共產國家卻非如此。這可以解釋為什麼俄國從一九三〇年到一九九〇年代初都沒有結構性失業津貼，直到一九九一年七月才首度設立失業機構。這也可以解釋為什麼在後共產時代失去工作和保障的人會懷念過去。但就像其它社會福利一樣，這種就業保障也有缺點。從個人角度而言，一些保障就業的工作是枯燥乏味的。雖然非共產國家也有這種類型的工作，很多人也覺得有工作總比失業好。但從社會角度而言，致力完全就業會讓效率低落，這也導致多數共產國家從一九七〇年代開始經濟衰退。共產國家完全就業政策的另一個負面效果是，人民不只是被保障就業，還被要求從事特定工作。例如，如果一個人想嘗試當藝術家為業，而國家並沒有批准他當藝術家，那他就會和當局發生衝突。在多數共產國家，學生一旦從高等教育畢業，就會被分配到指定的地方工作，由不得自己選擇。

## 社會結構：階級

一個常見的誤解是，共產國家宣稱已經消滅社會階級。但事實上，沒有一個共產政府曾經這麼說過。他們通常會在執政幾年後說已經消滅了敵對階級。多數共產國家會說國內還存在兩大階級（農民和工人），而階級的定義是按照與生產工具的共同關係所組成的龐大群體。此外，共產國家也承認有第三個群體，有時是指白領勞工或雇員，有時是指知識分子。這個群體位於兩大階級的中間地帶，稱為「階層」。共產體制下的知識分子比英國人所認知的知識分子要龐大許多。這個階層不但包含從事創意、科學、批判的知識工作者，也包含所有受過高等教育的人。有時候，這個概念甚至包含所有白領勞工，而白領勞工又被分為職位和教育程度較高的知識分子和較低的勞工。共產黨的立場是，這三個群體——兩大階級和一個階層——互不剝削，所以三者均屬於非敵對階級。另一方面，共產當局及其社會學者也經常區分腦力勞動和體力勞動，以及農村工人和城市工人。令人混淆的是，在鄉村地區國有農場工作的人在許多國家被歸為工人，而在集體農場工作的人被歸為農民。從共產黨的觀點來看，這種分類法的好處是可以讓工人階級的人數更多，這樣就可以宣稱已符合馬克思主義進入社會主義的先決條件。馬克思本人能否接受這種說法令人存疑。

然而，官方對階級結構的說法並非毫無爭議。最大的批評者不是西方反共分子，而是直到一九五四年都是南斯拉夫共產黨最高層的米洛萬・吉拉斯[1]。他早期的批評導致被長期監禁，而他最著名也最詳盡的批評《新階級》（一九五七年先在西方出版）一書就寫於坐牢期間。吉拉斯認為馬克思主義需要跟上二十世紀的變化。根據他的說法，馬克思之所以認為階級統治和階級壓迫是基於生產工具的所有權，是由於馬克思寫作於十九世紀，當時擁有工廠的人同時也經營工廠。但到了二十世紀，隨著擴張和上市，許多公司的所有權和經營權是分離的，所有權因為很多人購買公司股票而分散，經營者通常也不是正式的

1〔譯註〕米洛萬・吉拉斯（Milovan Djilas, 1911-1995）在一九五三年公開主張實行多黨制和西方式的民主。一九五四年一月，南共中央決定將其開除出中央委員會，解除其黨內外的一切職務，之後又把他開除出南共，並逮捕判刑。一九六一年一月，當局提前釋放了吉拉斯。

所有者。在二十世紀的資本主義中，決定最重要的生產決策和勞動條件的通常是經營者，而不是股東。吉拉斯認為同樣的論點也適用於共產體制。對他來說，決定生產和勞動的是國家計畫者和黨的菁英，因此他們形成了共產體制中的新剝削階級，也就是敵對階級，雖然他們並沒有正式擁有生產工具。

## 其他社會分歧

不管是不是敵對階級，階級並不是共產社會中唯一的分歧。種族和性別是兩個重要的分歧。

和多數國家一樣，共產國家也是多民族的，儘管最大的族群與其他族群之間的比例差異很大。在一九八〇年代，波蘭人口有九十八％是波蘭人，阿爾巴尼亞人口有九十六％是阿爾巴尼亞人（雖然又可分為蓋格人和托斯克人），而蘇聯人口中只有略多於一半是俄羅斯人，南斯拉人口中只有不到四十％是塞爾維亞人。就算在主要族群占絕大多數的國家，還是有不少少數族群不滿意被對待的方式，他們認為政治體制被主要族群掌控。例如一九八〇年代，中國人口雖有九十三％是漢人，但這不能掩蓋西藏人和新疆維吾爾人未受公平待遇的事實。到了一九八〇年代，在羅馬尼亞當局和少數匈牙利族之間、匈牙利當局和少數斯洛伐克族之間、保加利亞當局和少數土耳其族之間、幾個東歐國家和羅姆人之間，都出現明顯緊張。共產世界的族群衝突可說難以勝數。

有些共黨領導人——例如首位寮國共產黨領袖凱山・豐威漢[2]——認為，用種族來劃分人民既不革命、也不共產主義；這等於拒絕承認族群差異和族群的權利。有些領導人——包括蘇聯在內——則承認社會中的族群差異，但到了一九七〇年代，他們樂觀且不切實際地聲稱：所有族群間的基本矛盾都已解

2 凱山・豐威漢（Kaysone Phomvihane, 一九二〇—一九九二），寮國政治人物。本名阮該雙（Nguyen Cai Song），一九四六年加入印度支那共產黨，領導寮國東北地區反法運動，一九五三年任寮國戰鬥部隊總司令，一九五五年起任寮國人民革命黨總書記。一九七五年寮國人民革命黨奪取政權，廢除君主制，成立寮人民民主共和國後，一直由他擔任寮國人民革命黨總書記兼政府總理，至過世前一直是寮國實際上的最高領導人。一九七〇年代末開始調整經濟政策，一九八六年進一步推行改革開放。

決，各族群會共存再融合。這是根據列寧的看法，他和馬克思一樣認為在建立社會主義並走向共產主義的過程中，民族認同和民族主義會逐漸消失。對這些領導人來說不幸的是，族群衝突經常在好幾個共產國家出現。在蘇聯，最重要的例子是立陶宛的民族主義。

立陶宛是在一九四〇年被強迫併入蘇聯，許多立陶宛人始終不接受莫斯科統治。在一九六〇年代末，有幾位立陶宛天主教神父開始要求更大的宗教自由，而立陶宛人絕大多數是天主教徒。一九七一年有兩位神父被捕，激起大規模群眾示威。對莫斯科的敵意在一九七二年升至最高點。一位年輕人羅馬斯．卡藍塔以自焚抗議蘇聯統治。他在立陶宛第二大城考納斯的葬禮激起進一步的群眾抗議，成千上萬立陶宛人走上街頭。雖然這些抗議受到蘇聯當局強力鎮壓，但無法完全平息。一九七三年十一月，格別烏發動聯合行動壓制殘餘的動亂，逮捕多名立陶宛異議分子。被認定為首惡的民族主義分子被判六年徒刑，在接下來多年有效遏止了立陶宛人的反蘇活動。

在莫斯科處理立陶宛民族主義的同時，貝爾格勒也在試圖安撫克羅埃西亞的民族主義者。克羅埃西亞雖然也以天主教徒為主，但和立陶宛不同，克羅埃西亞的民族主義並不直接牽扯到教會。此外，它主要是菁英領導的運動，不是群眾現象，雖然運動領導人最後還是發動群眾來支持他們對聯邦政府的批判。這場政治動亂常被稱為「克羅埃西亞之春」，因為有些領導人自稱是受到一九六八年「布拉格之春」的影響。這些人不滿南斯拉夫當局的不公平待遇，要求在聯邦內享有更大的自主權。經濟利益也是關鍵。克羅埃西亞是南斯拉夫聯邦第二富裕的共和國，其海岸美景吸引大批西方遊客。克羅埃西亞高層不滿要把外匯用很差的匯率兌換成南斯拉夫貨幣。克羅埃西亞共黨領導人在一九七一年十二月因為批評這件事被解職，這引發其他共和國領導人也公開批評聯邦當局，讓南斯拉夫領袖狄托首次公開宣稱這場「國家危機」已威脅到國家存在，最終造成南斯拉夫在一九七四年重新中央集權。但問題只是被掩蓋起來，並沒有解決。

三個聯邦制的共產國家在一九九〇年都是沿著民族界線解體的，這清楚表明共產體制從來沒有解決過種族衝突和民族主義的問題。蘇聯在一九九一年十二月解體，捷克斯洛伐克在一九九二年十二月解體，前南斯拉夫則歷經漫長而痛苦的解體過程，從一九九一年拖到二〇〇八年。

和其他方面一樣，共產政權的性別平等狀況——尤其是女性的地位——也是好壞參半，可以從政治、勞動和家庭三個方面來分析。

理論上，共產政府都很重視性別平等，實踐上也確有一些作為。在政治代表性上，共產國家的成就看來相當耀眼。例如，共產國家國會的女性比例是全世界最高的，見〈表六〉。

但共產體制的高女性比例是因為有配額制度，不像多數西方國家是經由選舉競爭。此外也必須記住，共產國家的國會既不是討論議題的地方，也不是獨立做決策的機構；他們一般是在其他政治機構的指令下通過法律，例如部長會議和黨中央。共產體制的最高決策機構政治局絕大多數都是男性。在一九八六年，蘇聯政治局中沒有女性成員；事實上，在一九八〇年代末之前只出現過唯一一名女性（葉卡捷琳娜·福爾采娃，一九五六—一九六一），到一九八八年和一九九〇年才各添了一名。一九八八年十二月，蘇聯部長會議的一〇七名成

〔表六〕共產國家和西方國家國會的女性比例（在兩院制國家是指下議院）

| | 1950 | 1970 | 1988 | 2008 |
|---|---|---|---|---|
| 保加利亞 | 15.1 | 17.1 | 21.0 | n.a. |
| 中國 | | 17.8 | 21.3 | 21.3 |
| 古巴 | | 22.2* | 33.9 | 43.2 |
| 東德 | 27.5 | 30.6 | 32.2 | n.a. |
| 波蘭 | 0.0 | 13.5 | 20.2 | n.a. |
| 蘇聯 | 19.6 | 30.2 | 31.1 | n.a. |
| 越南 | 2.5 | 18.2 | 17.7 | 25.8 |
| 南斯拉夫 | 3.2 | 5.8 | 18.2 | n.a. |
| 澳洲 | 0.8 | 0.0 | 6.1 | 26.7 |
| 法國 | 7.0 | 2.1 | 6.9 | 18.2 |
| 西德 | 6.8 | 6.6 | 15.4 | 31.6** |
| 瑞典 | 9.6 | 14.0 | 38.4 | 47.0 |
| 英國 | 3.3 | 4.1 | 6.3 | 19.5 |
| 美國 | 2.1 | 2.3 | 6.7 | 16.8 |

註：

1.給定年分的數字均基於該國前一次選舉。

2. n.a.表示不適用（不再是共產主義國家）

3. 空白表示沒有資訊或沒有議會選舉。

* 1976（沒有更早的立法機構）

** 指統一的德國

員中僅有一名是女性，而此時距十月革命已超過七十年。南斯拉夫是唯一出過女性總理的共產國家（米爾卡・普拉寧茨）。雖然西方國家的政治高層也是很晚才有性別平等，但共產國家是指令性質，而且聲稱更追求平等，它們在這方面的表現是應該被批評的。

衡量性別平等的另一個方面是依據其勞動力。這可以看所得和分工這兩個變數。以所得來說，共產國家和西方國家的表現差不多。例如，在一九八〇年代末，同樣行業的女性薪水平均只有男性的六十六—七十五％（各國略有差異）。這有部分是因為女性在各行業中的職位都比較低。共產國家的分工也和西方國家差不多，女性在某些行業特別多——尤其是醫療照護和教職——在某些行業又特別少。但即使是在以女性為主的行業中，職位越高，男性的比例就越高。

在家庭中，共產國家的女性也和多數社會一樣要負擔額外勞務。她們有上班賺錢的壓力，回到家中還是要負責大部分或全部家務。如果有小孩要照顧，那雙重負擔就變成三重負擔。雖然有些共產國家會幫家庭照顧小孩，但有些沒有。例如，東德的幼托設施在全世界首屈一指——免費或收費很低，幾乎全國各地都有——波蘭卻有很多地方根本沒有。

共產國家介入女性私生活的方式和程度各不相同。比如不同國家對生育和墮胎的政策相當不同。蘇聯雖然強烈鼓勵生育，甚至會頒發「蘇聯英雄母親」獎章給生育十名以上子女的婦女，但墮胎也相對容易。中國自一九七九年實行一胎化政策，雖然這表示墮胎是自由的，但國家有時會強迫懷第二胎的婦女絕育。羅馬尼亞在尼古拉．西奧塞古[3]時代（一九六五—八九）積極鼓勵生育，超過二十五歲沒有生育的夫妻和單身女性要被罰款，除非能提出無法生育的醫療證明。不令人意外的，由於政府大力提高出生率，墮胎在西奧塞古時代的羅

3 尼古拉．西奧塞古（Nicolae Ceaușescu, 1918- 1989），羅馬尼亞政治人物，早年因共產黨活動被囚，追隨共黨領導人喬治烏—德治（Gheorghe Gheorghiu-Dej），一九四七年共產黨全面掌權後，位居黨內第二高位。一九六五年接任共黨人及國家元首，其獨立、民族主義政治路線贏得民眾支持。一九七四年當選為新設立的羅馬尼亞總統，對內則更加堅持中央集權管理，嚴格控制言論自由和媒體。一九八九年十二月，西奧塞古被反政府示威推翻並處決。

馬尼亞就變得很困難。

共產國家在社會領域的表現也是好壞參半，不同時間和不同國家差異很大。近年來，有些僅存的共產國家曾一度放棄共產主義政策，現在又在重新檢討。

# 第六章 共產主義在國際上的分合

馬克思主義的根本原則是社會主義必須是國際運動，所以共產國家都來往密切。雖然許多共黨領袖宣稱這主要是出於社會主義國際主義的原則，但密切合作也有務實的理由。合作能帶來經濟和安全上的好處。然而，共產世界也有重大衝突，甚至差點爆發大戰。

## 意識形態集團：共產國際與共產情報局

由於文化差異和經濟發展程度的不同，加上共產主義的理論典籍有模糊和矛盾之處，各共產國家對於理論和周遭世界的詮釋自然也有不同。在大部分時間，雖然蘇聯宣稱意識形態的統一性，但共產國家在大多數時候都對不同的詮釋心照不宣。這從一九五〇年代以後更是如此，所以在一九五六年就不再嘗試建立單一意識形態集團。

蘇聯嘗試建立一個國際的傘型組織，可以聯合全世界有志一同的政黨，遂於一九一九年創立共產國際（或稱第三國際）。一開始的成員既有共產黨，也有比較激進的社會主義政黨，但後來只限共產黨參加。在成立之初，共產國際的任務之一是輸出革命，支援推翻「資產階級」政府。但從一九二〇年代中開始，隨著列寧的接班人史達林試圖建立「一國社會主義」，共產國際越來越成為史達林的傳聲筒。共產國際也指揮各共產黨如何應付其他左翼政黨，但其政策反覆不定。一九三〇年代初，各共產黨被下令不得和溫和左翼政黨合作，甚至要加以破壞。但一九三五年政策大翻轉，各共產黨被要求要和其他左翼政黨共組「人民陣線」，以對抗在法國和西班牙等地興起的法西斯主義。共產國際在一九四三年五月解散。直到一九四一年，共產國際都把第二次大戰描繪為各國資產階級之間的戰爭，要求工人不要參加。但在蘇聯被納粹德國入侵、蘇聯成為西方國家對抗德國的盟友之後，路線又整個翻轉。這再度重傷共產國際的信譽，很快就導致分崩離析。

二戰後，莫斯科又想建立一個用來控制國際共產運動的聯合組織，在一九四七年九月於波蘭創立了共產情報局。共產情報局表面上是用來增進歐洲共產國家間的訊息流通——不只是東歐（此時不包括阿爾巴尼亞和後來的東德），還包括法國和義大利這兩大西歐共產黨——建立堅定的意識形態集團以對抗資本主義和帝國主義。但實際上，共產情報局最主要的任務是強化蘇聯對其他共產黨的控制。在剛開始，它還要確保其他共產國家不要接受美國提供給歐洲國家的戰後復興援助。但共產情報局自一九四〇年代末就不太活躍，尤其是在史達林死後。一九五六年，赫魯雪夫要向貝爾格勒示好，認為南斯拉夫和共產情報局的歷史衝突讓共產情報局不宜再存在。一九五六年四月，共產情報局解散。

## 軍事集團：華沙公約

經常有人誤以為，蘇聯是因為西方成立了軍事集團——北大西洋公約組織——才決定成立共產國家的軍事集團。但北約成立於一九四九年四月，而華沙公約組織到一九五五年五月才成立。北約確實是刺激華沙公約成立的較長期因素，但在一九五〇年代中還有更直接的原因。

莫斯科自己說的主要原因，是西方盟國在一九五四年十月的巴黎會議上決定要提升西德的地位，把西德更加整合進西方聯盟。西德重獲主權，重新軍事化，並在一九五五年五月加入北約和西歐聯盟；西歐聯盟是新成立的西歐防衛組織。西歐聯盟成立，加上德國被占領正式結束，讓莫斯科深感威脅。由於蘇聯不到十五年前才被德國入侵，戰後西德經濟又飛速發展，這種威脅感是可以理解的。華沙公約的創始會員國有阿爾巴尼亞、保加利亞、捷克斯洛伐克、匈牙利、波蘭、羅馬尼亞、蘇聯。東德在一九五六年加入，阿爾巴尼亞則自一九六〇年代初就實質上停止參與，一九六八年正式退出[1]。

德國地位的改變無疑是蘇聯成立華沙公約的主要原因，但也不是唯一原因。另一個原因是蘇聯在共產集團內的霸權可能遭受挑戰。當德國地位改變時，盟國（包括蘇聯）對奧地利的占領也結束了。奧地利結束占領的條件是奧地利同意成為中立國。鄰接奧地利的匈牙利現在屬於蘇聯集團，而奧、匈兩國在一八六七年到一九一八年同屬奧匈帝國。一些學者認為，蘇聯擔心匈牙利也可能想學奧地利當中立國。若然如此，莫斯科就會失去在匈牙利駐軍的權利，也一定會失去對匈牙利的掌控。此事在一九五六年已有明顯跡象，而蘇聯不想讓此事發生。

1〔譯註〕阿爾巴尼亞和南斯拉夫在歷史上就有衝突。二戰結束後，南斯拉夫與蘇聯的關係惡化，阿爾巴尼亞則全面倒向蘇聯並在一九四八年與南斯拉夫斷交。但在史達林去世後，蘇聯新領導人赫魯雪夫開始改善與南斯拉夫的關係，這引起阿爾巴尼亞的極度不滿，蘇聯與阿爾巴尼亞的關係便開始惡化。六〇年代時，中蘇關係也開始惡化，阿爾巴尼亞便迅速與中國靠近。一九六一年，阿爾巴尼亞宣布斷絕與蘇聯的外交關係，並將國內的蘇聯駐軍驅逐。此後阿爾巴尼亞不再參與華約的實際活動。一九六八年，蘇聯以華約名義入侵捷克斯洛伐克，阿爾巴尼亞便在一九六八年九月十三日正式宣布退出華沙公約組織。

華沙公約的存在不是為了對抗西方，而是為了讓其成員國逃不出蘇聯掌心，這個觀點是由羅賓·雷明頓所提出，為了支持這個論點，她還指出，華沙公約唯一一次行動是在一九六八年鎮壓布拉格之春。她的觀點是有說服力的。但另一方面，也應該要記得，除了捷克斯洛伐克自己，成員國裡只有羅馬尼亞拒絕參加入侵行動，多數東歐國家領導人都和蘇聯領導人一樣急著鎮壓捷克斯洛伐克，以免事態發展向外擴散。畢竟，如果布拉格之春的理念被傳播接收，他們自己的地位也會不保。

隨著東歐和蘇聯共產政權垮台，華沙公約存在的理由也消失了，一九九一年七月正式解散。當時的捷克斯洛伐克總統哈維爾後來寫道，這個軍事同盟的解散乃是他畢生最大成就；華沙公約在一九六八年入侵過他的國家，他的憤恨是可以理解的。

## 經濟集團：經濟互助委員會

蘇聯主導的軍事集團只限蘇聯和東歐國家參加，但共產世界最重要的經濟集團則納入兩個亞洲成員和一個拉丁美洲共產國家。經濟互助委員會在一九四九年一月成立於華沙，早於一九五七年的歐洲經濟共同體（後來轉型為歐盟），及其前身歐洲煤鋼共同體（根據一九五一年巴黎條約在一九五二年成立）。經濟互助委員會的創始會員國有阿爾巴尼亞、保加利亞、捷克斯洛伐克、匈牙利、波蘭、羅馬尼亞和蘇聯。東德在一九五〇年加入，蒙古在一九六二年加入，古巴在一九七二年加入，越南在一九七八年加入。和華沙公約的情況一樣，阿爾巴尼亞從一九六〇年代初實質上停止參加，一九六八年正式退出。

如同華沙公約，蘇聯成立經濟互助委員會也是為了自身利益。雖然它成立的時間和歐洲經濟共同體無關，但部分也是為了回應西方。一九四七年中，美國宣布馬歇爾援助計畫或簡稱馬歇爾計畫。這是為了幫助歐洲國家從二戰復甦的經濟復興方案。莫斯科最初對這個計畫的反應是正面的。但由於這些援助都有附帶條件，莫斯科很快就認定華盛頓是藉此在歐洲取得影響力。雖然這不能說完全不對，但也必須承認，美國政策的部分意圖是使其處於更有力的地位，以防止法西斯主義捲土重來。莫斯科認為美國的援助是為了限制或縮小蘇聯對東歐共產國家的影響力。而確實，捷克斯洛伐克和波蘭一開始都表示想申請美國援助。莫斯科出面干預，禁止兩國加入馬歇爾計畫，但又覺得有義務提出替代方案。加上一九四八年四月又出現一個刺激因素，歐洲經濟合作組織直接在馬歇爾計畫下成立，成員國有十八個歐洲國家，主要任務是規畫執行歐洲復興計畫。幾個月後，莫斯科決定回應：建立只包含共產國家的國際區域經濟體。

經濟互助委員會成立後並沒有任何實質成果，在第一個十年中，這個組織近乎無所作為。最明顯的是，直到一九五九年十二月它才定出有組織目標的章程。經濟互助委員會在一九六〇年代初比較積極，但也遇到難題。最大的難題發生在一九六二年。當年六月，蘇聯提出經濟互助委員會各成員國要有更深化和更明確的產業分工。東德和波蘭歡迎蘇聯的提案，因為它們可以更集中在工業製造上，但比較靠南方的國家，尤其是羅馬尼亞則憤憤不平。它們認為自己將被迫停留在較低度發展的農業國家。羅馬尼亞共產黨指出，馬克思是認為所有國家都需要高度經濟發展，譴責蘇聯是在扭曲或忽視馬克思。蘇聯處境尷尬，羅馬尼亞和其他成員國有可能像阿爾巴尼亞一樣，離開經濟互助委員會，實質倒向中國陣營。到了一九六三年中，蘇聯基本上放棄了產業分工的方案。

直到一九六〇年代末，經濟互助委員會都沒有什麼功能。蘇聯領導人改朝換代後，新團隊決心不再像一九六〇年代初那樣被羞辱。在一九六八年蘇聯帶頭入侵捷克斯洛伐克之後，莫斯科變得更加專斷。甚至連羅馬尼亞也變得比較聽話；而中國的文革正處於混亂高潮，中國取代蘇聯成為共產霸主的可能性降低。在這個脈絡下，經濟互助委員會轉而積極主動，在一九七一年六月提出「複合方案」以加強成員國的整合和專門化。複合方案確實在一九七〇年代讓成員國有更多互動合作。不過，雖然經濟互助委員會強化了成員國之間的分工，但只限於產業內部（例如機械工程業）而非在產業之間（例如農業與工業），因為蘇聯記取一九六〇年代初的教訓。然而，新的衝突又出現了。一九七三年石油危機後，蘇聯提出經濟互助委員會內部的原料價格要和世界市場掛勾，但時間上有些滯後。做為石油等天然資源豐富的國家，這個方案（一九七五年實施）對蘇聯有利。但一些資源缺乏的東歐國家則對被強加新制度不滿，尤其是當石油價格下跌後，他們卻還要支付經濟互助委員會滯後的價格（也就是較高的價格）。

經濟互助委員會的內部衝突持續到一九八〇年代，許多東歐小國相信如果能和西方市場更自由來往，它們會過得更好，但蘇聯則批評各成員國沒有幫忙開發其天然資源。當經濟互助委員會在一九九一年六月解散時，沒有人覺得惋惜。

## 共產世界的分工與競爭

儘管共產國家高舉社會主義的國際主義，但內部經常發生嚴重衝突。首先浮上檯面的是南斯拉夫和蘇聯的衝突。南斯拉夫共產黨上台沒有靠蘇聯幫忙，不像其他大部分共產國家都欠蘇聯人情。但在共產黨剛上台三年多的時間裡，南斯拉夫還是承認蘇聯是世界共產主義的領袖。但莫斯科和貝爾格勒的關係在一九四八年明顯惡化。惡化速度出人意料，畢竟前一年蘇聯才在貝格爾格勒設立共產情報局總部，表示莫斯科認為南斯拉夫是忠誠支持者。但一九四八年初，莫斯科推遲和南斯拉夫協商貿易條約，緊張關係浮上檯面。史達林要鞏固對整個東歐共產世界的控制，開始聲稱蘇聯對南斯拉夫共產黨上台扮演主要角色。這完全不是事實。史達林和狄托的關係迅速惡化，一九四八年六月，史達林迅雷不及掩耳地把南斯拉夫逐出共產情報局。狄托在一開始還試圖安撫蘇聯共產黨，但這種嘗試顯然無效，到了一九四九年，南斯拉夫被共產世界當成外人，到了該年底，南斯拉夫開始接受西方援助。

莫斯科和貝爾格勒的關係在史達林死後開始改善，蘇共和南共達成權宜的妥協。雖然南斯拉夫從未完全回到蘇聯陣營，但在冷戰期間也沒有站在西方那邊。它和印度、印尼、埃及，以及迦納等開發中國家一起在一九五五年發起「不結盟運動」。在狄托邀請下，首屆不結盟運動高峰會在一九六一年於貝爾格勒舉行。不結盟運動在一九七九年的哈瓦那宣言說，運動的重要目標之一乃是抵抗所有形式的霸權，在超級大國和政治集團之間保持中立。不結盟運動中另一共產國家古巴經常和蘇聯站在一起，但南斯拉夫共產黨在冷戰大部分時期都維持獨立地位。

南斯拉夫不是唯一挑戰莫斯科的東南歐共產國家。阿爾巴尼亞是另一個不靠蘇聯上台的東歐共產國家。它剛開始效忠蘇聯，但其強硬派領袖恩維爾・霍查[2]不滿赫魯雪夫在一九五六年批判史達林，開始稱蘇共為「修正主義者」。一九六〇年代初，阿爾巴尼亞改變結盟對象，轉向中國。但當中國本身也在毛澤東死後放棄強硬路線，阿爾巴尼亞又轉而反對北京。到一九七〇年代末，阿爾巴尼亞在歐洲陷於孤立，此後唯一的盟友是另一個小型史達林國家北韓。

南斯拉夫和阿爾巴尼亞批評蘇聯雖然讓莫斯科尷尬，但沒有威脅到「社會主義故鄉」。但到了一九六九年，莫斯科和北京的關係（中蘇分裂）已惡化到有些評論家認為大戰一觸即發。和阿爾巴尼亞領導人一樣，中共也不滿蘇聯新領導人赫魯雪夫在一九五六年批判史達林，儘管起初隱忍不發。這種不滿在某種程度上頗為諷刺，因為在中共和國民黨的鬥爭中，史達林並不是如一般所認為的一貫強烈支持中共。但毛澤東佩服史達林讓蘇聯發展的成就，以及他的「一國社會主義」理念。

兩大共產巨人的緊張在一九五六年之前就有跡可尋，部分原因是蘇聯認為中國正試圖在亞洲和非洲建立自己的帝國，有一天會挑戰莫斯科在世界共產運動中的地位。北京對赫魯雪夫攻擊前任領導人的不滿日益公開化，到一九五〇年代末演變成雙方唇槍舌劍的論戰，中國譴責蘇聯是「修正主義」，蘇聯則稱中國是「教條主義」。一九五九年六月，蘇聯違背要提供中國核子武器的承諾，這被中國視為奇恥大辱，中國的意識形態專家加強批判蘇聯。雙方論戰在一九六〇年代達到高峰，中國發表一系列措辭激烈的文章指控蘇聯背叛列寧主義[3]。蘇聯則中止許多在中國的重大建設，留下一堆蓋到一半的橋梁和建物。

2 恩維爾．霍查（Enver Hoxha, 1908-1985），阿爾巴尼亞政治家。一九三〇年留學法國，參加法國共產黨組織的工會所舉辦的課程和會議，返國後參加共產主義小組的活動，後來參與抵抗法西斯義大利占領軍。一九四一年阿爾巴尼亞共產黨成立，由其領導臨時中央委員會，一九四六年成立阿爾巴尼亞人民共和國，擔任勞動黨中央委員會第一書記和部長會議主席，掌權達四十年。

3〔譯註〕這一系列文章稱為「九評」或「九評蘇共」，是指中國共產黨中央委員會於一九六三年九月六日至一九六四年七月十四日期間，在《人民日報》和《紅旗》雜誌上發表的九篇評論蘇聯共產黨的社論。

中蘇分裂走上檯面化。

雙方關係在一九六〇年代持續惡化，一九六九年三月達到最高峰，雙方在中蘇邊界的烏蘇里江爆發激戰[4]。這個地方從一九六七年末就有幾次衝突事件，中國指控蘇聯入侵中國領土（中蘇邊界長約四千四百公里），緊張關係在一九六九年三月再度升高，中國部隊朝珍寶島（蘇聯名稱是達曼斯基）上的蘇聯部隊開火。這次交火很短暫，只打了幾小時，蘇聯部隊死亡三十多人，中方死傷不明。不到兩星期後，蘇聯展開報復，在過程中死亡約六十人。烏蘇里江地區和中蘇邊界的衝突一直延續到九月，雙方才擺出和解姿態；戰鬥結束。

回顧起來，一九六九年的事件可說也有正面作用。對世界各國來說，最重要的是兩大核子強國——蘇聯在一九四九首次試爆核彈，中國則是在一九六四年——避免了核子戰爭，而中國因為怕蘇聯和西方會聯手對付這個東亞巨人，遂改變對西方的態度。北京不再挑釁西方資本主義的態度很快就受到注意和回報。中國在一九七一年重返聯合國——取代了中華民國（台灣）——美國總統尼克森也在一九七二年二月訪問中國示好。而從莫斯科和北京的角度，雙方都體認到很可能爆發大戰，而且很容易升高為核子戰爭。

但這種體認並沒有立刻讓兩大共產巨人關係回溫，雙方關係在一九七〇年代大部分時間還是冰冷。這雖然對西方有利，尤其是對美國，但卻不是國際共產主義團結之道。到了一九七〇年代末，隨著北京換上務實的領導人，改善關係的可能性大增。不幸的是，莫斯科支持越南在一九七八年末入侵柬埔寨，以及莫斯科自己在一九七九年入侵阿富汗，又讓局勢亂成一團。中國在一九七五年支持柬埔寨的赤柬（紅色高棉）政權，強烈譴責越南推翻赤柬。此外，中國和阿富汗也有邊界相鄰，不希望有更多蘇聯軍隊靠近其邊界。

但務實主義還是讓中國正面回應蘇聯的談判示好。其中一個刺激因素是，

4 中國和蘇聯因珍寶島（達曼斯基）的歸屬問題，於一九六九年三月在島上發生武裝衝突。依《中俄北京條約》，中俄以烏蘇里江為界，但該島位於界河之上，中蘇都聲稱擁有該島主權。該次事件以中方勝利告終，但導致中蘇關係進一步惡化，蘇聯高層甚至主張動用核武，成為古巴導彈危機後的重大危機。隨著冷戰結束，雙方關係升溫，一九九一年中蘇簽訂協定，蘇聯承認珍寶島屬於中國。

美國換上一個更強硬反共的總統隆納・雷根。北京決定要在兩大超強之間謀取平衡，也就是維持等距。在這種情況下，中國和蘇聯在一九八〇年代進行了一系列談判，重點放在中國關心的幾項議題，包括蘇聯駐軍阿富汗和越南駐軍柬埔寨；蘇聯對蒙古的影響（蒙古在帝制中國時代大致受中國統治）；還有中蘇邊界。最後一項議題就長期來說最重要，具有高度複雜性。雙方不只要劃定邊界，還有一系列與邊界相關的事務。這包括在邊界地區的天然資源誰屬；北京和莫斯科都擔心對方會對邊界地區的少數民族挑起種族衝突；中國還擔心蘇聯的核子飛彈部署太靠近邊界。

這些困難的議題很難讓雙方都滿意，所以在一九八〇年代進展有限。此外，中國還是擔心蘇聯有干涉他國主權的傾向。然而，北京也顯得不再那麼好鬥，一九六〇年代和一九七〇年代稱蘇聯對外政策是「社會帝國主義」，現在改用比較溫和的「霸權主義」。蘇聯對外政策在一九八〇年代末有重大轉變，包括從阿富汗撤軍、對越南干涉柬埔寨改變立場，這就打開了改善關係的道路。但還沒來得及做什麼，蘇聯就先垮了。

中蘇論戰的影響之一是中國自一九六〇年代起加強在開發中國家的影響力。蘇聯當時已和中東及非洲許多第三世界國家（例如安哥拉、伊拉克、利比亞和敘利亞）簽定友好條約，讓蘇聯得以影響當地的執政黨。和蘇聯一樣，中國也急於擴大政治影響力和取得天然資源，開始加強和開發中國家來往。由於蘇聯和中國會在當地投入資金，許多第三世界國家都從兩大共產巨人的競爭得利。這種競爭比起只有一個共產強國可以求助要好，開發中國家現在可以比較不依賴西方的援助和建議。

蘇聯不是唯一被指責侵略其他共產國家的共產國家。前面提過，越南也在一九七八年末入侵柬埔寨。越南的目的和理由也和一年後蘇聯入侵阿富汗一樣，要把讓共產主義蒙羞的強硬派共產黨人換成溫和派。正如一九八四年的電影《殺戮戰場》描述的，柬埔寨的波布赤柬政權從事大規模屠殺。越南拉下了赤柬，一九七九年一月改立親越南的非極端派韓桑林[5]政權。但赤柬沒有被完全擊潰，兩派共產黨又斷斷續續打了好幾年。談到共產黨之間的衝突，這裡還要提到中國在一九七九年二月入侵越南。北京認為河內有一系列挑釁作為，包括入侵柬埔寨。但中國人發現越南人異常強悍，不到一個月就撤退。越南最後在一九八九末撤出柬埔寨。

很明顯，不同的共產國家有時對共產主義的基本原理會有根本不同的詮釋，這就導致彼此嚴重衝突。事實上，如同許多國際關係的現實主義者所主張，個別共產國家經常把自身利益放在社會主義的國際主義之上，最喜歡呼籲要密切合作的蘇聯也是出於自身利益。社會主義的國際主義也不表示共產國家都是平等的。實際情況是，較大較強的國家有辦法霸凌小國，有時也真的會出手。對某些共產國家來說，其他國家的主權並沒有那麼神聖不可侵犯，它們在這件事情的態度上就跟許多西方國家一樣。

5 韓桑林（Heng Samrin, 1934–），柬埔寨政治家。一九七〇—七五年內戰期間是紅色高棉成員，一九七八年為躲避波布政權迫害出逃越南，在越南扶持下，赤柬倒台，建立了新的共產主義政府——柬埔寨人民共和國，韓桑林被任命為總統（至一九九一年），直到一九九一年施亞努回歸。

# 第七章 共產主義的崩潰及未來

到了一九九〇年代初，一九八〇年代存在的二十多個共產國家（嚴格界定的話是十七個）只剩五個倖存，其中又有三個變成很難自稱是共產主義國家。中國、越南和寮國都實施激進的市場導向經濟改革，很難再說它們的經濟和社會結構是共產主義，而中國又比越南和寮國尤甚。第四個令人質疑的國家是北韓，但原因不同；在所謂共產體制中，居然會有領導人世襲制——也就是王朝——這讓馬克思和列寧在墓中難以安眠。北韓的表現也非常差勁。剩下的古巴也很可悲，人民普遍貧窮。

這到底是怎麼發生的呢？畢竟，蘇聯一度是唯一能挑戰美國的國家，是世界兩大超級強權之一。此外，蘇聯帝國雖非傳統意義的帝國，但也曾經非常強盛。但在一九九一年，蘇聯主導的共產經濟集團、軍事集團和蘇聯本身，都一一崩解。這著實令人吃驚，因為西方國家根本沒有料到。共產主義突然崩潰乃是二十世紀最令人震驚的事件。有很多理論可以解釋崩潰的原因，有些理論很具體，有些理論比較抽象。有些理論是談背景因素——為崩潰搭好舞台——有些是談比較直接的導火線。大多數理論都不是互斥的，可以結合起來做比較豐富和深刻的解釋。由於蘇聯是導致共產國家崩潰的主角，接下來的分析就以蘇聯為主。

## 戈巴契夫因素

如果想讓單一個人為東歐和蘇聯共產政權「負責」，戈巴契夫是最好的對象。他的性格和政策可以解釋他對崩潰所起的作用。

戈巴契夫的性格比較傾向妥協而非衝突。他的性格和和前幾任比較專斷的領導人相當不同。對於領導人來說，尋求中道、盡可能取得各方利益的支持是很好的特質。但有些人認為，當蘇聯面臨一九八〇年代末的危機時，這種性格只表示軟弱，讓人予取予求。

當戈巴契夫在一九八五年上台時，他很清楚蘇聯問題重重。所以他提出「改革」（經濟重構）、「民主」（政治體制的有限度民主化）、以及「開放」[1]。但他最終無法控制「開放」所引發的批評和不滿聲浪。有些人利用開放和容忍來鼓吹分裂主義的民族主義。戈巴契夫有時也知道有必要限制「開放」，即使並不像政治局內的保守派同志所希望的那種程度。他也強硬處理民族主義運動（一九九〇年的亞塞拜然和一九九一年的立陶宛，但蘇聯當局對立陶宛的暴力鎮壓也許不是戈巴契夫批准的）。但他做得太少、太慢，終於失去控制。

蘇聯國內的「開放」打開了潘朵拉的盒子，而戈巴契夫的對外政策也對共產政權崩潰起到關鍵作用。在對外政策上，戈巴契夫尋求和西方改善關係，這

---

1〔譯註〕「開放」(glasnost) 意指增加國家統治的透明度，讓民眾參與討論，檢討過往和現時的錯誤，打破由小部分政府幹部控制一切的局面。

是他的「新政治思維」路線。但他認為蘇聯的經濟困境有部分是因為蘇聯不顧自己人民死活去援助其他國家，這對共產主義的崩潰也影響很大。有鑑於一九五六年的匈牙利事件和一九六八年的捷克斯洛伐克事件，其他共產國家起初不太相信他的「辛納屈主義」。但當戈巴契夫完成從阿富汗撤軍（一九八九年一月），又逼越南領導人撤出鄰國柬埔寨，東歐人開始相信他們終於可以自由決定自己的命運，蘇聯不會干涉。

戈巴契夫對共產主義的崩潰無疑至關重要。但沒有任何人能單憑己力就創造出這麼重大的歷史事件；這必須要有前提存在，也就是共產主義已經腐爛和長期衰敗。此外，諷刺的是，許多批評戈巴契夫的人也是批評共產主義最激烈的人。這些人的立場是矛盾甚至偽善的。世界應該感激戈巴契夫這個人讓共產政權近乎和平崩解、冷戰和平告終。誠然，他對兩者的結局都無法控制，他更不想讓共產政權走到如此地步。但若沒有戈巴契夫的政策和整體路線，最後結果未必會是如此。

## 帝國過度擴張

蘇聯有時被說是一個帝國。這種看法認為這個帝國分成內圍和外圍。帝國內圍是蘇聯本身——十五個共和國，其中十四個被俄羅斯宰制。帝國外圍是貌似主權獨立的國家，它們對蘇聯效忠，透過華沙公約及經濟互助委員會和蘇聯綁在一起。有觀察家認為，有些不屬於這些組織、但基本上屬於蘇聯陣營的國家——如安哥拉或阿富汗，也算是蘇聯帝國的外圍。由於蘇聯（特別是俄羅斯）位於廣袤帝國的中心，有關帝國崩潰的理論也就適用於蘇聯。

在一九八七年的暢銷書《霸權興衰史》中，耶魯大學的英國史學家保羅・甘迺迪分析了各時代帝國的崩潰，認為主要原因就是「帝國過度擴張」。一言以蔽之，甘迺迪認為帝國的衰落是因為經濟衰落，而經濟衰落又是因為過度的軍事支出。

可惜甘迺迪並沒有把他的觀點運用在蘇聯。如果有，他會是極少數預測到蘇聯，乃至「蘇維埃帝國」崩潰的西方人。然而，他的基本論點和戈巴契夫在一九八〇年代末對自己國家困境的分析是一致的。蘇聯經濟停滯，軍事支出過高。但是——我們先跳過戈巴契夫——蘇維埃帝國是個很奇怪的帝國。大多數帝國存在的目的至少部分是為了加強帝國中心的經濟實力。蘇維埃帝國則是為了意識形態和政治理由存在，而不是為了經濟利益。事實上，蘇維埃帝國有些地方——甚至在帝國內圍——的生活水準比俄羅斯還高。儘管蘇維埃帝國性質奇特，甘迺迪的分析還是適用的。雖然這主要適用於蘇聯本身，但蘇聯的危機對其他共產國家產生連鎖效應。反過來說，中共就沒有像蘇聯那樣去建立帝國，所以中共有辦法持續存在。

## 經濟失敗

一九八〇年代，多數共產國家（歐洲和蘇聯）的經濟成長明顯停滯，既無法達成計畫目標，又落後於西方。由於社會主義和最終的共產主義本應優於資本主義的自由民主制度，這讓共黨政府相當尷尬。

成長率下降反映出多數共產國家的經濟困境，例如中央計畫越來越複雜且超出負荷；國家壟斷；棘輪效應對創新的負面作用；無法處理長年偏向重工業和國防的不平衡狀態。

另一個因素是，經濟互助委員會試圖獨立於世界市場——也就是一九九〇年代所稱的經濟全球化——之外，但失敗了。儘管二〇〇七—八年的全球經濟危機讓全球化受到廣泛質疑，但其基本意識形態在一九八〇年代末已蔚為主流，蘇聯想自外於這股趨勢——近乎全球性的朝向更自由流通的金融、貿易和勞動市場，可說是不切實際。共產世界幾乎完全錯過全球化的正面作用，他們所謂的優越性就越來越站不住腳。共產國家的人民也知道這一點，對其體制越發不滿和懷疑。

## 和西方的競爭

自從史達林宣稱社會主義可以在單一國家達成，並可以讓其他國家模仿之後，蘇聯等共產國家就和西方展開競爭。蘇聯、保加利亞、東德和中國都以趕超西方為重大明確的任務。

除了經濟競爭，蘇聯也和西方在軍事上競爭。但在一九八〇年代，隨著美國宣布其「戰略防禦系統」，即著名的星戰計畫後，新的一頁開始了。事實上，美國政府在一九九〇年代承認，美國在這項科技上的進展遠沒有其他國家所認為的那麼快。但蘇聯當局在一九八〇年代就承認，他們無法和這種新型防禦系統競爭。從某種意義上，他們承認自己無法超越西方。儘管近年的檔案資料顯示，「戰略防禦系統」並沒有重要到讓共產黨決定「舉白旗投降」，但雷根政府一些高級官員都喜歡強調這一點。

## 異議人士和其他反對力量

從一九六〇年代末起，西方媒體開始關注共產國家內膽敢挑戰當局的人士，尤其是批判性的知識分子。有些異議知識分子是明確反共的，例如索忍尼辛。有些人如東德的沃爾夫岡．哈里希[2]，則認為自己是「真正的馬克思主義者」，他們認為共產黨扭曲了馬克思的觀點和理想，把共產主義變成官僚科層化的體制。很難說個別知識分子對共產政權倒台有多大影響力，每個國家都不相同。捷克異議人士哈爾維雖然是被國會推舉出來的總統，但他作為捷克斯洛伐克第一位後共產時代的總統非常受到歡迎，這表示捷克人和斯洛伐克人都知道他的理念，受他啟發去挑戰共黨當局。一九七八年，哈維爾祕密自行出版了長文《無權力者的權力》，認為大多數共產國家的人民都是被異化的受害者，被迫活在謊言之中。他批評捷克和斯洛伐克同胞消極接受自己的命運，但他主張他們是可能去挑戰共產國家的：沒有權力的人民只要拒絕活在共產黨宣傳的謊言之下，就能夠獲得力量。

2 沃爾夫岡．哈里希（Wolfgang Harich, 1923-1995）東德哲學家，堅定的共產主義者，德國統一社會黨成員。二戰時被徵召入伍，逃兵加入反納粹組織，一九五二年成為洪堡大學哲學教授，致力於馬克思主義研究。一九五六年因「建立陰謀反革命團體」而被捕判刑，八年後獲釋，並於一九九〇年獲得平反。

但挑戰當局、削弱共產政權的並不只有個別異議人士。波蘭團結工聯扮演了關鍵且鼓舞人心的角色。而在一些國家，教會也扮演了重要角色，主要是東德，其次是波蘭和匈牙利。一九八〇年代初，東德的路德教會集結了覺醒和批判人士，包括無神論者在內。雖然波蘭天主教會的角色不像團結工聯那麼直接和重要，但也聚集了異議人士，尤其是波蘭大主教嘉祿·若瑟·沃伊蒂瓦在一九七八年成為教宗若望保祿二世之後。

宗教經常伴隨著民族主義，而民族主義者是共產黨另一個挑戰。這在蘇聯尤其如此，追求獨立的民族主義者——尤其是波羅的海三國和喬治亞——利用「開放」來鼓吹訴求。另一個例子是羅馬尼亞，主要住在外西凡尼亞[3]的匈牙利裔掀起抗議西奧塞古政權的全國性風潮，領導這場運動的是托克斯神父[4]。

## 馬克思主義矯正論

關於共產主義的崩潰，還有一種有趣的理論可稱為馬克思主義矯正論。

根據這種觀點，意志論的馬克思主義者在二十世紀人為地加快了歷史進程，終究自食惡果。列寧所期盼的一戰後的國際社會主義革命沒有出現，讓史達林宣稱可以在一個顯然不符合正統馬克思主義標準的國家建立社會主義。但這種觀點的問題是，就長期而言，馬克思是否會被證明是正確的？共產國家讓馬克思主義蒙受惡名，但當這段記憶漸漸淡去之後，決定論者是否就能重見光明？這

3 Transsilvania，羅馬尼亞中西部地區，面積幾乎占該國一半。外西凡尼亞於十六至十八世紀初是一個諸侯國，一七一一年投降奧地利，成為哈布斯堡君主國與奧地利帝國、奧匈帝國的一部分。一戰後的《凡爾賽條約》承認羅馬尼亞對於外西凡尼亞的主權。二戰期間，納粹德國又將外西凡尼亞的北半部劃歸匈牙利王國，直到一九四七年的《巴黎和約》，才又將之歸還羅馬尼亞社會主義共和國。在二十世紀，境內的匈牙利族人口約占二至三成。

4 托克斯・拉茲羅（Tőkés László, 1952-）：羅馬尼亞匈牙利族政治家。一九八九年，他在羅馬尼亞西部城市蒂米什瓦拉擔任神職人員，政府欲將其驅逐出境，引發當地的匈牙利族居民反彈，且匈牙利人在羅馬尼亞的地位也偏低，更加激化對立。十二月十六日發生警察與當地居民的激烈衝突，結果警察對居民開槍，造成數人的傷亡。衝突事件卻引發了羅馬尼亞境內大規模反政府的遊行與示威活動，保安部隊的鎮壓引起全國人民對於西奧塞古政權的強烈不滿，導致全國性騷動。

只有時間才能回答。在現階段，馬克思主義矯正論的主要鼓吹者艾力克斯·柯林尼可斯[5]堅持，是史達林扭曲了馬克思和列寧的觀點而讓馬克思主義蒙受惡名。但和列寧比較接近的應該是史達林，不是馬克思。列寧的「最弱環節」理論已證明是錯誤的，但他堅持十月革命是社會主義革命，硬要在共產黨統治下推動俄羅斯向前邁進。

## 比較革命理論

共產主義崩潰的另一種抽象解釋是運用革命理論。革命理論有很多種，這裡只討論其中兩個。第一個理論是期待升高理論。這種理論的基本論點可以追溯到十九世紀的法國史學家暨政治分析家托克維爾，雖然他本人沒用過這個詞。這種觀點後來被許多人採用和修改，但主要人物是克萊恩·布林頓和詹姆斯·戴維斯。基本上，這種理論認為壓迫並不會直接導致革命；因為如果真的如此，那世界各地應該常常都在發生革命。而是說，當領導人提高了人民的希望和期待，但領導人又沒有能力加以滿足，讓人民感到失望，這時候就最可能發生革命。在許多方面，這相當符合蘇聯和東歐的情況，因為戈巴契夫把期待提高到超出共產體制能夠滿足的程度。

第二個較晚近的革命理論是由美國政治學家查爾斯・蒂利所提出。他認為，要發生革命，既要有革命情境，還要有革命成果。當既有掌權者受到一方或多方挑戰時，就存在革命情境；挑戰者試圖取代既有統治者，並受到相當多群眾支持來反對無意志或無能力鎮壓挑戰者的國家當局。蒂利認為，革命情境不必然會產生革命成果。出現革命成果要有四項條件：既有統治集團的成員必須倒向挑戰者；革命挑戰者必須能取得武力；軍隊必須倒戈或採取中立；革命挑戰者必須掌控國家機構。一九八〇年代末的許多共產國家都符合這些條件。可惜的是，蒂利覺得他的理論很難應用在一九八九—九一年間的反共革命。他

5 艾力克斯・柯林尼可斯（Alex Callinicos, 1950-）：英國政治理論家和活動家，倫敦國王學院教授，著有大量關於馬克思主義、社會理論、政治哲學、政治經濟學以及種族和種族主義的著作，曾擔任社會主義工人黨理論期刊編輯。

認為雖然南斯拉夫、捷克斯洛伐克和蘇聯確實在一九八九—九一年間發生革命性變革，但波蘭和保加利亞只有「輕微」的革命，匈牙利和羅馬尼亞也不明確。此乃這個理論的弱點。

許多革命理論家之所以難以界定共產世界在一九八九到九一年間發生的事件，部分原因是多數理論都把暴力當成革命的必要因素。除了一些明顯例外——羅馬尼亞、前南斯拉夫和蘇聯——共產政權的崩潰都相對和平。這表示革命理論需要做修正，而非這些事件不算革命。如果一個國家在一九八〇年代末是實質上的一黨專政、國有制和中央計畫經濟的國家，而到一九九〇年初有幾個政黨在競逐政權，其經濟也逐漸私有化和市場化，那這個國家就發生了革命性變革。

## 現代化和骨牌理論

從一九八〇年代末開始，美國政治學家法蘭西斯・福山主張，共產主義的崩潰證明了現代化理論的正確性。這個理論最早起於一九五〇年代末美國社會學家西摩·李普塞一篇開創性的文章，他認為民主和經濟發展程度密切相關。李普塞常被引用的一句話是，「一個國家越富裕，維持民主的機會越大」。當代的現代化理論由此而生。雖然這個理論的版本繁多，但其基本理念是，當經濟發展和人均所得達到某個程度，就會對民主產生需求，而當經濟程度達到以後，民主就得以持續。雖然這種主張常被批評，卻受到近年來大多數經驗分析的支持。

運用在共產國家，現代化理論可以主張，多數國家在共產主義時代已發展到某個程度——例如工業化程度、教育程度等等——是時候該走向民主。而那些發展程度還不到的國家則是被迫捲入一九八九—九一年間普遍的反共潮流，這可以說是反向的多米諾骨牌理論或列寧帝國主義理論的倒置。

多米諾骨牌理論最早是一九五四年美國總統艾森豪所提出，當時法國被北越共產黨打敗；它的意思是，如果區域裡的一個開發中國家落入共產黨之手，其鄰國也會一一陷落。這套理論在一九七〇年代再度流行：一九七五年，南越、柬埔寨、寮國在幾個月內相繼倒向共產主義。西方擔心這會波及到泰國、馬來西亞和區域中其他國家。不過應該指出的是，當地共產黨從一九三〇年代起就把越南、寮國和柬埔寨看成是一體的，因為三者都受法國殖民統治，所以在一九三〇年成立統一的**印度支那**共產黨。一九八九—九一年間相鄰的共產國家一個接一個垮台，這也可以用骨牌效應來比喻，只是這次是**脫離**共產主義，而不是倒向共產主義。

列寧理論主張俄國革命會引發西方鄰國的革命。在某種意義上，戈巴契夫的「改革式革命」[6]——牛津學者提摩西．艾許創造的名詞，意指造成革命的改革——也引發其他共產國家的革命，但這次是**離開**社會主義，而不是走向社會主義。

現代化理論的用處是可以解釋，為什麼有些後共產國家的民主化大體成功，有些國家困難重重，有些國家則回到獨裁。大體來說，比較富裕的後共產國家民主化都比較成功。

## 正當性危機理論

共產政權崩潰的最後一個理論解釋是，共產黨垮台是因為無法再為自己和共產體制賦予正當性。簡言之，它們對自己的理念和統治權利已失去信心。二十世紀初的德國社會學家馬克斯・韋伯認為，國家有三種型式的正當性來源——傳統型的（亦即歐洲的君權神授論或東亞的天命論）；魅力領袖型的（尤其是在革命之後）；以及法理型。他認為在真實世界中，正當性可由三種型式混合而成，但通常以其中一種為主導。韋伯認為法理型是唯一適合現代國家的正當性型式，主要就是依法而治（也就是民主）；沒有人——包括最高領導人在內——能超乎法律之上。

在理論上，共產國家不能靠傳統提供正當性，因為這根本和其革命性質

6〔譯註〕refolution，是把 reform 和 revolution 合在一起，意指沒有革命之名，但卻有革命之實的真正改革。

相衝突。在實踐上，許多國家把民族主義納入其意識形態——而且越來越如此——並訴諸長遠的歷史過去，這也形成一種傳統型的正當性。有些共產國家用革命領袖的超凡魅力為政治體系提供正當性，例如蘇聯的列寧、中國的毛澤東（在中共早期）和越南的胡志明。但隨著時間過去，官僚式的領導人上台，領袖魅力不再能成為正當性來源。此外，由於共產國家並不尊重一般理解的依法而治或民主的概念，也就無法把正當性建立在法理之上。

在多數共產政權早期，正當性並不是急迫的問題，政治權力主要來自強制力而不是正當性。然而，幾十年過去之後，共產國家逐漸放鬆強制力，越來越注重統治人民的正當性。澳洲政治學家里格比認為，共產國家採取了一種韋伯沒想到的方法，也就是以「目標理性」來正當化自己。根據這個理論，共產黨宣稱其統治權利——即正當性——來自於他們最知道如何快速有效地帶領社會走向社會主義和共產主義；畢竟，共產黨稱自己是社會的「先鋒」。

不幸的是，到了一九七〇年代，許多共黨領導人都承認前途比想像中困難，開始主張理想要更務實。這就產生「務實社會主義」的概念。可是一旦承認自己也有限制、也會犯錯，就動搖了共產黨作為先鋒的統治權利。有些國家轉向民族主義，漸漸訴諸前共產主義時代的民族英雄或領袖，這在東德和羅馬尼亞最明顯。其他領導人則訴諸早期的魅力型共產領袖，聲稱要把國家帶回到這些領袖的道路。最好的例子是戈巴契夫，他有時會把自己與列寧拿來比較。

共產國家另一種可能的正當性形式是體制表現，也就是用滿足人民來尋求統治權利。不幸的是，一九七〇年代和一九八〇年代的經濟停滯讓這條路走不通。此外，多數共產國家都做不到重工業和輕工業的平衡——也就是國家國防需求和人民消費需求的平衡。人民都仰望西方，艷羨其生活方式和商品。既然領導人在一九七〇年代大談「務實社會主義」和承認短缺，本質上已經把共產主義的終極目標擱在一邊，經濟表現也就無法提供領導人想要的正當性來源。

簡言之，多數共黨領導人在一九八〇年代已喪失正當性來源。由於那時他們大體上已放棄共產黨統治早期那種恣意強制（恐怖），他們已經窮盡所有主張其具有統治權利的可能性。他們已走上末路。

# 現在與未來

一九九〇年代，許多觀察家宣稱馬克思主義和共產主義已死。他們認為共產主義已做過嘗試，沒有通過考驗。這種看法有道理嗎？在某種層面，德國、捷克和俄羅斯都還有共產黨或其繼承者存在，在很多地方的選舉表現也還不錯。但要說共產主義還沒消亡，我們就需要更多證據。當一九二九年十月以來最嚴重的全球經濟危機在二〇〇八年底達到頂峰時，就連高歌反共凱旋的福山都問道：是否中國模式越來越有吸引力（《新聞週刊》，二〇〇八年十月八日）。這是否意味著共產主義可能復興？

要回答這個問題，必須先說多數共產國家倒台已將近二十年了，尤其是蘇聯。共產主義對西方軍事威脅的這個妖怪也不復存在。儘管來自俄羅斯的威脅在二〇〇〇年代有所升高，但這種威脅是來自一個特定的國家，而非來自共產體制。雖然史達林、毛澤東、波布和其他共黨領導人的恐怖統治絕對不能遺忘，但現在該是時候放下冷戰宣傳，承認共產主義有一些正面的東西，即使為數不多。簡言之，現在應該更冷靜客觀地看待共產主義的理論和共產政權的實踐。在這個脈絡下，簡要回顧一下中國近年來的發展是有所助益的。

從一九七〇年代末開始，中國共產黨就比蘇聯和東歐國家的共黨同志都要務實而自信。中共最高領導人鄧小平及其接班人採取政策，讓中國擺脫意識形狂熱及中國經濟過去的不平衡——雖然沒有像蘇聯那麼不平衡。中共的經濟改革比一九六〇年代和一九七〇年代的蘇聯和東歐更激進更成功。這些作為成功地讓中國經濟連續高成長超過二十年。總體而言，中國消費者從未像現在生活得這麼好。在這個意義上，中國避免了西方共產國家的正當性危機，以經濟表現為正當性基礎。但在這個過程中，他們放棄了列寧主義和共產主義一些關鍵的面向，變成一個混合體制，在經濟上和社會上是後共產主義，但在政治上還是共產主義。

和歐洲共產主義國家不同，中國共產黨從未宣稱可以快速實現社會主義，更別說共產主義。史達林在一九三六年就宣稱蘇聯已實現社會主義，中共則在很久以前就說，到二〇五〇年代只能達成社會主義初級階段。中共也不像蘇聯那樣過度搞帝國主義。這些都有助於解釋，為什麼在本書寫作時，中共還能繼續掌權的原因。但中國的經濟體制愈益資本主義化，但政治體制卻維持共產主義，兩者的根本矛盾就構成德國社會理論家哈伯瑪斯所說的正當性危機。只要經濟表現良好，這個體制就可以容忍這種根本性的矛盾。也就是說，只要生活水準有提高、安全有保障、有合理的旅行自由，大多數政體中的許多人似乎都願意忍受政治自由受限。這些條件在中國已存在超過二十年。但只要中國經濟面臨嚴重危機，很多先例都指出政治體制可能崩盤。

前面已說過自一九七〇年代開始，一些東歐領導人就訴諸民族主義來規避正當性問題，而中共當局也以二〇〇八年奧運來訴諸民族榮光。這顯示領導人知道光靠經濟表現來維持正當性是有危險的，因為中國的經濟成長仰賴出口，只要主要貿易夥伴經濟衰退，中國的高成長就會陡然下降。此外，許多中國人民——尤其是鄉村地區——並沒有從經濟奇蹟得到多少好處，而且有充分證據表明許多農村、甚至城市地區都有明顯不滿（很多城市居民因為新基礎建設計畫而被迫遷移）。貪汙腐敗成風引發社會動盪，一九八九年的危機就是如此。

簡言之，中國在二〇〇〇年代初已遠離共產主義的原初理念，但這並不必然能讓共產黨免於受到嚴重挑戰，而且或許有可能成功。

其他共產國家也面臨困境。二〇〇八年，聯合國警告高通膨和全球經濟危機可能在越南引發動盪——越南就和中國一樣，多年來以經濟表現為正當性來源。全球危機也打擊到寮國，尤其是其最重要的旅遊業和成衣製造業。同時，古巴新領導人勞爾・卡斯楚還在摸索未來的道路，而金正恩的北韓既問題重重也不穩定。

假如亞洲共產國家或古巴也發生革命性轉變，這是否表示共產主義就此蓋棺論定呢？必須記得，馬克思認為社會主義革命只能發生在高度發達的國家。他還認為，這樣的革命必須在許多國家發生——也就是要有一場國際革命——如果它們不被試圖取而代之的那些國家打敗的話。二〇〇八年十月，起於一九七〇年代末而在一九九〇年代成為主流的資本主義模式——在美國稱為新保守主義或華盛頓共識、在其他地方稱為新自由主義、在大洋洲稱為經濟理性主義——慘淡失敗。但這不表示共產主義就會回潮。比較可能出現的是一種新的混合體制，結合了共產主義（經濟相對穩定安全，經濟和社會較平等）和資本主義（比較自由，容許企業家精神和創新）各自一些優點。這就是有些人已追求幾十年的「第三條路」或「中間道路」（亦即，既非共產主義，也非自由民主的資本主義，而是結合兩者的優點）。在一九九〇年代，英國首相布萊爾和德國總理施若德都對這個概念很有興趣。但民眾反應並不熱烈。但在二十一世紀的第一個十年中，興趣可能再度點燃。若是如此，那麼馬克思某些重要面向將被證明是正確的。

第一，新的興趣和路線部分是產生於共產主義和資本主義在冷戰期間的辯證互動。第二，它也是對過度新自由主義資本主義路線所導致的嚴重問題的回應。在這個意義上，馬克思的辯證唯物主義確實是解釋事物發展的有效方法。此外，馬克思晚年的著作，尤其是他未完成的《資本論》，對當代所謂的全球化和二〇〇七—八年的全球危機提出許多洞見。由於全世界開發中國家都指望已開發國家能出面解決新自由主義的爛攤子，馬克思把已開發世界視為通往「更高階段」的發動機，這個看法也證明是正確的。

然而，雖然馬克思一些總體分析診斷可能被證明是正確的，並不表示他對什麼問題都有答案。沒有任何思想家可能擁有答案；否則就是為極端主義和獨裁專制打開大門。馬克思主義的一大缺點是嚴重低估了民族主義和其他形式的政治認同的力量。此乃當代世界的重要課題，今後談「第三條路」或「中間道路」的理論家都必須處理這些課題，新的混合模式才能被重視和信服。

談到「中間道路」，就值得再談談所謂二十一世紀是中國的世紀這種說法。中國確實是一種混合體制，「中國」這個詞在中文裡就是「位於中間的國家」。假如中國沒有解體，中國就必須處理政治認同的問題，也要大幅改善人權、民主和法治。假如能做到，那以中國的遼闊幅員和快速增加的影響力，世界各國都得加以重視。福山在二〇〇八年十月那篇文章也許說對了；用本書開頭從一個圍牆到另一個圍牆的比喻，中國的長城也許就象徵著未來[7]。

7〔譯註〕Wall to Wall 本來指從柏林圍牆到華爾街，這裡意思是失敗的華爾街（the Wall Street）讓位給成功的中國長城(the Great Wall)。

但我們也要考慮到，一旦中共政權垮台，不管由誰繼承，至少在短期內都不可能是其他國家仿效的對象。在這本對共產主義簡短分析的結尾，最後要談談社會民主這個房間裡的大象[8]。在選民有投票選擇自由的大多數國家，社會民主在二十世紀都比共產主義受歡迎。瑞典在一九八〇年代末也開始轉向新自由主義，但它之前的體制證明了，高水準的安全、富裕、法治、自由和民主是可以結合在一起的[9]。混合體制確實存在，也可能再度復興。基於許多理由，它要比共產主義更值得也更可能捲土重來。而這就是辯證法！

8〔譯註〕隱喻某件雖然明顯卻被視而不見、不做討論的事物。

9 有關社會民主，尤其是瑞典的例子，可參閱本系列的《社會主義》。

| | |
|---|---|
| 1980 | 南斯拉夫狄托去世 |
| | 波蘭團結工聯成立 |
| 1981 | 波蘭宣布戒嚴 |
| 1982 | 布里茲涅夫去世 |
| 1985 | 戈巴契夫當上蘇聯領導人 |
| 1989 | 蘇聯完成從阿富汗撤軍 |
| | 共產主義開始在歐洲和其他地方崩潰，以柏林圍牆倒塌為象徵 |
| | 中國歷經天安門危機 |
| 1991 | 經濟互助委員會、華沙公約和蘇聯解體 |
| | 南斯拉夫開始解體 |
| 1997 | 鄧小平去世 |

| | |
|---|---|
| | 共產情報局成立 |
| 1953 | 史達林去世 |
| | 東德群眾動亂 |
| 1955 | 華沙公約組織成立 |
| 1956 | 赫魯雪夫發表祕密演說 |
| | 波蘭和匈牙利群眾動亂 |
| | 蘇聯入侵匈牙利 |
| 1957 | 赫魯雪夫鞏固權力 |
| | 蘇聯發射第一顆衛星史普尼克號 |
| 1958-60 | 中國大躍進 |
| 1961 | 卡斯楚宣布自己是馬克思列寧主義者 |
| | 東德設立柏林圍牆 |
| 1962 | 古巴飛彈危機 |
| 1964 | 赫魯雪夫被黜，蘇聯換上新領導布里茲涅夫 |
| | 美國大規模介入越南戰爭 |
| 1966-9 | 中國文化大革命最嚴重階段 |
| 1968 | 布拉格之春，捷克斯洛伐克被入侵 |
| 1970年代初 | 東西方低盪 |
| 1973 | 美國撤出越南 |
| 1975 | 越南統一 |
| | 產黨在柬埔寨和寮國奪權 |
| 1976 | 毛澤東去世 |
| 1978 | 鄧小平在中國掌權，展開經濟和社會革命 |
| 1979 | 蘇聯入侵阿富汗 |

# 大事紀

| | |
|---|---|
| 1818 | 卡爾・馬克思生於普魯士的特里爾（現在屬德國） |
| 1848 | 《共產黨宣言》出版 |
| 1867 | 《資本論》第一卷出版 |
| 1870 | 弗拉迪米爾・列寧生於俄羅斯的辛比爾斯克 |
| 1879 | 約瑟夫・史達林生於喬治亞的戈里 |
| 1883 | 馬克思去世 |
| 1893 | 毛澤東生於中國湖南省 |
| 1902 | 列寧的《怎麼辦》出版 |
| 1917 | 列寧的《國家與革命》出版 |
| | 俄羅斯發生布爾什維克的十月革命 |
| 1922 | 蘇維埃社會主義共和國聯邦正式成立 |
| 1924 | 列寧去世 |
| | 蒙古成為第二個共產國家 |
| 1928 | 第一個五年計畫 |
| | 史達林鞏固權力 |
| 1930年代初 | 蘇聯強迫集體化 |
| 1936 | 史達林宣稱蘇聯已達成社會主義 |
| 1936-8 | 史達林的恐怖統治達至頂峰 |
| 1939 | 第二次世界大戰爆發 |
| | 蘇聯和納粹德國簽定互不侵犯條約 |
| 1941 | 德國入侵蘇聯 |
| 1945 | 第二次世界大戰結束 |
| 1940年代末 | 共產主義傳布到東歐和部分亞洲國家 |
| 1949 | 毛澤東和共產黨在中國上台 |

經濟表現為正當性來源。Habermas的理論見*Legitimation Crisis* (Heinemann, 1976)。最後，S. Sullivan的*Marx for a Post-Communist Era: On Poverty, Corruption and Banality* (Routledge, 2002)對共產主義崩潰後馬克思主義是否還重要提出挑戰性的分析。

## 第六章——共產主義在國際上的分合

關於蘇聯的對外政策，見R. Edmonds, *Soviet Foreign Policy* (Oxford University Press, 1983)，還有比較難讀的文件彙編（內有未翻譯的俄文原文）A. Dallin, *Soviet Foreign Policy 1917–1990* (Garland, 1992)。關於華沙公約，見R. Remington, *The Warsaw Pact* (MIT Press, 1971), 以及R. Clawson and L. Kaplan (eds.), *The Warsaw Pact* (Scholarly Resources, 1982).V. Mastny and M. Byrne (eds.), *Cardboard Castle?* (Central European University Press, 2005)是很有價值的官方文件彙編。關於經濟互助委員會的重要研究，見J. van Brabant, *Socialist Economic Integration* (Cambridge University Press, 1980)。關於中蘇分裂，最有用的著作是W. Griffith, *The Sino-Soviet Rift* (MIT Press, 1964)或比較近期的*The Sino-Soviet Split* (Princeton University Press, 2008)。Z. Brzezinski, *The Soviet Bloc*, 2nd edn. (Harvard University Press, 1967)是關於蘇聯陣營內部衝突的經典著作，對中蘇分裂也有分析。

## 第七章——共產主義的崩潰及未來

有關各個共產國家如何倒台的分析，見G. Stokes, *The Walls Came Tumbling Down* (Oxford University Press, 1993)。對於能讀到期刊的讀者來說，關於共產政權如何崩潰的最佳文章彙編（包括福山的文章）是*The National Interest*, No. 31, 1993, pp. 10–63。研究戈巴契夫的經典著作是A. Brown的*The Gorbachev Factor* (Oxford University Press, 1996)。R. Taras (ed.), *The Road to Disillusion* (M. E. Sharpe, 1992)彙集了關於批判知識分子對共產政權垮台作用的文章。主張馬克思主義矯正論的最佳範例是A. Callinicos, The Revenge of History (Polity, 1991)。書中提到的C. Brinton和J. Davies的著作是*The Anatomy of Revolution*, 3rd edn. (Prentice Hall, 1965)，以及一篇1962年發表在*American Sociological Review*的文章。Tilly的著作是*European Revolutions 1492–1992* (Blackwell, 1993)。T. H. Rigby關於正當性的論著可見T. H. Rigby and F. Fehér (eds.), *Political Legitimation in Communist States* (Macmillan, 1982)。L. Holmes, *Post-Communism* (Duke University Press, 1997)討論了以

*Leadership in Eastern Europe and the Soviet Union* (Butterworths, 1970)；以及 M. McCauley and S. Carter (eds.), *Leadership and Succession in the Soviet Union, Eastern Europe and China* (Macmillan, 1986).

## 第四章——共產主義的經濟體制

關於蘇聯經濟的專著，可見 A. Nove, *An Economic History of the USSR, 1917–91* (Penguin, 1993) 或 P. Hanson, *The Rise and Fall of the Soviet Economy: An Economic History of the USSR 1945–1991* (Longman, 2003)。B. Naughton, *The Chinese Economy: Transitions and Growth* (MIT Press, 2006) 是有用易讀的最新中國經濟專著。關於南斯拉夫共產黨的不同路線可見 B. McFarlane, *Yugoslavia* (Pinter, 1988), 尤其是第三部分。J. Kornai, *The Socialist System: The Political Economy of Communism* (Oxford University Press, 1992) 是比較激烈的共產主義經濟比較分析。

## 第五章——共產主義的社會政策和社會結構

關於共產體制的階級結構和平等問題，見 D. Lane, *The End of Social Inequality?* (George Allen and Unwin, 1982)。V. George and N. Manning, *Socialism, Social Welfare and the Soviet Union* (Routledge and Kegan Paul, 1980) 對蘇聯社會政策做了有用的研究，而 B. Deacon's *Social Policy and Socialism* (Pluto, 1982) 則對各共產國家做了比較分析。關於共產國家的民族政策可見 W. Connor, *The National Question in Marxist-Leninist Theory and Strategy* (Princeton University Press, 1984) 和 P. Zwick, *National Communism* (Westview, 1983)，而 P. Sugar (ed.), *Eastern European Nationalism in the Twentieth Century* (American University Press, 1995) 和 W. Kemp, *Nationalism and Communism in Eastern Europe and the Soviet Union* (St Martin's, 1999) 則著重在民族主義本身。關於共產主義下的性別政治和女性處境，見 S. Wolchik and A. Meyer (eds.), *Women, State and Party in Eastern Europe* (Duke University Press, 1985) 或 B. Jancar, *Women under Communism* (Johns Hopkins University Press, 1978).

## 第二章——共產政權簡史

近年來關於共產政權的巨著有 R. Service, *Comrades! A History of World Communism* (Macmillan, 2007) 及 A. Brown, *The Rise and Fall of Communism* (Bodley Head, 2009)。關於共產黨如何在個別國家奪權，可見 T. Hammond (ed.), *The Anatomy of Communist Takeovers* (Yale University Press, 1975)。有關共產國家恐怖統治的經典著作是 A. Dallin and G. Breslauer, *Political Terror in Communist Systems* (Stanford University Press, 1970)。關於共產黨的組織原理，可見 M. Waller, *Democratic Centralism* (Manchester University Press, 1981)，而 C. Hobday and R. East (eds.), *Communist and Marxist Parties of the World*, 2nd edn. (Longman, 1990) 是很用的共產黨參考書。最後，B. Szajkowski (ed.), *Marxist Governments: A World Survey*, 3 vols. (Macmillan, 1981) 是關於所有共產國家歷史和政治的彙編。

## 第三章——共產主義的政治體制

兩本具導論性質但有詳盡比較的著作是 L. Holmes, *Politics in the Communist World* (Oxford University Press, 1986) 和 S. White, J. Gardner, and G. Schöpflin, *Communist Political Systems* (Macmillan, 1987)。更深入的著作有 L. Cohen and J. Shapiro (eds.), *Communist Systems in Comparative Perspective* (Anchor, 1974) 和 S. White and D. Nelson (eds.), *Communist Politics: A Reader* (Macmillan, 1986). 關於立法部門的專著，可見 D. Nelson and S. White (eds.), *Communist Legislatures in Comparative Perspective* (Macmillan, 1982)。大多數共產國家的憲法都收錄在 W. Simons (ed.), *The Constitutions of the Communist World* (Sijthoff and Noordhoff, 1980)。對於個別共產國家共產黨黨章有興趣的人可以參考 W. Simons and S. White (eds.), *The Party Statutes of the Communist World* (Martinus Nijhoff, 1984)。政治局非常重要，但相關論著很少，對蘇聯政治局的詳盡分析可見 J. Löwenhardt, *The Soviet Politburo* (Canongate, 1982)。最後，關於共黨國家領導人的比較分析有 C. Beck *et al.*, *Comparative Communist Political Leadership* (McKay, 1973); R. B. Farrell (ed.), *Political*

# 延伸閱讀

討論共產主義理念和共產政權的文獻汗牛充棟。這裡先假設許多讀者無法隨時利用大學圖書館，因此無法讀到有許多寶貴文章的專業期刊。延伸閱讀的建議只能幫助讀者進一步了解共產主義和共產政權；但這裡所提到的每一本書都包含更詳細的參考書目，有興趣的讀者可以進一步閱讀。對於想更深入了解特定國家的讀者，在此也有許多建議。

## 第一章——共產主義理論

有兩本經典著作比較了共產主義的理念和共產政權的實踐，分別是R. N. Carew Hunt, *The Theory and Practice of Communism* (Penguin, 1963) 和A. Meyer, *Communism* (Random House, 1984)。有兩本關於馬克思主義經典文獻和馬克思死後重要辯論的文獻彙編，分別是D. McLellan, *Karl Marx: Selected Writings*, 2nd edn. (Oxford University Press, 2000) 和D. McLellan, *Marxism after Marx*, 4th edn. (Palgrave Macmillan, 2007)。而S. Avineri, *The Social and Political Thought of Karl Marx* (Cambridge University Press, 1968) 對馬克思的觀點也有啟發性的分析。關於列寧主義的經典著作有R. Tucker, *The Lenin Anthology* (Norton, 1975) 以及M. Liebman, *Leninism under Lenin* (Merlin, 1975)，N. Harding, *Leninism* (Palgrave Macmillan, 1996)則有非傳統的詮釋。關於毛澤東的理論，可以看S. Schram, *The Political Thought of Mao Tse-tung* (Penguin, 1969)，及其簡要更新版的*The Thought of Mao Tse-tung* (Cambridge University Press, 1989)。關於史達林的觀點及影響可見D. Hoffman (ed.), *Stalinism* (Blackwell, 2003)，而對歐共主義有興趣的讀者可以參考P. F. della Torre *et al.* (eds.), *Eurocommunism* (Penguin, 1979)。

新自由主義 neoliberalism
新保守主義 neoconservatism
新經濟政策 New Economic Policy (NEP)
新經濟機制（匈牙利）New Economic Mechanism
極權主義 totalitarianism
經濟互助委員會 Comecon, The Council for Mutual Economic Assistance (CMEA)
經濟理性主義 economic rationalism
聖西門，亨利．德 Henri de Saint-Simon
蒂利，查爾斯 Charles Tilly
資產階級 bourgeoisie
賈魯塞斯基，沃伊切赫 Wojciech Jaruzelski
跨廠罷工聯合委員會 Inter-Factory Strike Committee
農奴解放法案 Serf Emancipation Act
達曼斯基 Damansky
雷明頓，羅賓 Robin Remington
雷根，隆納 Ronald Reagan
團結工聯 Solidarity
福山，法蘭西斯 Francis Fukuyama
福爾采娃，葉卡捷琳娜 Ekaterina Furtseva
窩瓦河 River Volga
蓋格人 Ghegs
赫爾辛基協議 Helsinki Accords
赫魯雪夫，尼基塔 Khrushchev, Nikita
德國統一社會黨 Socialist Unity Party of Germany
摩達瓦 Moldova
摩達維亞 Moldavia
歐洲安全與合作委員會 Conference on Security and Cooperation in Europe (CSCE)
歐洲煤鋼共同體 European Coal and Steel Community
歐洲經濟共同體 European Economic Community (EEC)
黎筍 Le Duan
戰略防禦系統 Strategic Defence Initiative, SDI
歷史主義 historicism
歷史唯物論 historical materialism
諾沃提尼，安東寧 Antonín Novotný
霍查，恩維爾 Enver Hoxha
戴維斯，詹姆斯 James Davis
韓桑林 Heng Samrin
豐威漢，凱山 Kaysone Phomvihane
觀念 idea

Engels
柴契爾夫人 Margaret Thatcher
格但斯克（波蘭） Gdansk
格蘭普主教 Cardinal Glemp
海耶克，弗里德里希 Fredrich Hayek
索忍尼辛，亞歷山大 Alexander Solzhenitsyn
馬克思，卡爾 Karl Marx
馬林可夫，格奧爾基 Gyorgy Malenkov
馬歇爾援助計畫 Marshall Aid Program, Marshall Plan
馬錢特，艾瑪 Emma Marchant
高斯普蘭（國家計畫辦公室）Gosplan, State Planning Office
高幹 *apparatchiks*
國家安全委員會（蘇聯），格別烏 Komitet gosudarstvennoy bezopasnosti, KGB
基尼指數 Gini Index
基督教民主聯盟 Christian Democratic Union
第三國際 Third International
莫洛托夫，維亞切斯拉夫 Vyacheslav Molotov
莫洛托夫–李賓特洛普條約（德蘇互不侵犯條約）*Molotov–Ribbentrop Pact*
陶里亞蒂，帕爾米羅 Palmiro Togliatti
傅立曼，彌爾頓 Milton Freidman
傅立葉，夏爾 Charles Fourier
凱因斯，約翰 John Maynard Keynes
凱因斯主義 Keyensianism
凱根，安德莉亞 Andrea Keegan
喀琅施塔得叛亂 Kronstadt Rebellion
普拉寧茨，米爾卡 Milka Planinc
普魯東，皮耶—約瑟夫 Pierre-Joseph Proudhon
最高蘇維埃 Supreme Soviet
棘輪效應 ratchet effect
無產階級 proletariat
無產階級文化大革命 Great Proletarian Cultural Revolution (GPCR)
華沙公約 Warsaw Pact
華沙公開信 Warsaw Letter
華勒沙，萊赫 Lech Walesa
華盛頓共識 Washington Consensus
開放 glasnost
雅爾達（克里米亞半島） Yalta
黑格爾 G.W.F. Hegel
塔拉基，努爾・穆罕默德 Nur Mohammad Taraki
奧塔威，大衛 David Ottaway
奧塔威，瑪麗娜 Marina Ottaway
奧爾洛夫，尤里 Yuri Orlov
幹部職務名稱表 *nomenklatura*
意志論 voluntarism

改革式革命 refolution
李普塞，西摩 Seymour Martin Lipset
杜布切克，亞歷山大 Alexander Dubček
決定論 determinism
沃伊蒂瓦，嘉祿・若瑟 Karol Józef Wojtyła
沙皇亞歷山大三世 Tsar Alexander III
沙皇恐怖伊凡 Tsar Ivan the Terrible
沙科斯基，伯格丹 Bogdan Szajkowski
狄托，約瑟普 Josip Broz Tito
赤柬（紅色高棉）Khmer Rouge
車爾尼雪夫斯基，尼可來 Nikolay Chernyshevsky
辛納屈主義 Sinatra Doctrine
里格比，湯瑪斯 Thomas Henry Rigby
孟什維克 Menshevik
東進政策 Ostpolitik
武元甲將軍 General Giap
波布 Pol Pot
波茨坦（德國）Botsdam
波蘭統一工人黨 Polish United Workers' Party
物質生產毛額 Gross Material Product (GMP)
物質生產淨值 Net Material Product (NMP)
邱吉爾，溫斯頓 Winston Churchill
金日成 Kim Il Sung
阿明，哈菲佐拉 Hafizullah Amin
哈瓦那宣言 Havana Declaration
哈伯瑪斯，尤爾根 Jürgen Habermas
哈里希，沃爾夫岡 Wolfgang Harich
哈維爾，瓦茨拉夫 Vaclav Havel
契爾年科，康斯坦丁 Konstantin Chernenko
指令型經濟 command economy
政治局 Politburo
施若德，格哈特 Gerhard Schroeder
柏拉圖 Plato
柬埔寨人民革命黨 Kampuchean People's Revolutionary Party
柯西金，亞歷克賽 Alexei Kosygin
柯林尼可斯，艾力克斯 Alex Callinicos
柯爾，海爾穆 Helmut Kohl
胡志明 Ho Chi Minh
胡薩克，古斯塔夫 Gustáv Husák
若望保祿二世 John Paul II
韋伯，馬克斯 Max Weber
俾斯麥，奧托・馮 Otto von Bismarck
哲學家國王 Philosopher-king
恩格斯，弗列得里希 Friedrich

史達林，約瑟夫 Joseph Stalin
外西凡尼亞 Transylvania
左翼民主黨 Democratic Party of the Left
左翼社會革命黨 Left Social Revolutionaries
布里辛斯基，茲比格涅夫 Zbigniew K. Brzezinski
布里茲涅夫，列昂尼德 Leonid Brezhnev
布里茲涅夫主義 Brezhnev Doctrine
布拉格之春 Prague Spring
布林頓，克萊恩 Crane Brinton
布哈林，尼古拉 Nikolai Bukharin
布朗，阿奇 Archie Brown
布萊爾，東尼 Tony Blair
布爾什維克 Bolshevik
布蘭特，威利 Willy Brandt
弗里德里希，卡爾 Carl J. Friedrich
民主 *demokratizatsiya*
甘迺迪，保羅 Paul Kennedy
目標理性 goal-rational
共產主義者聯盟 League of Communists
共產國際 Comintern, Communist International
共產情報局 Cominform, Communist Information Bureau
列寧，伏拉迪米爾 Vladimir Lenin
吉拉斯，米洛萬 Milovan Djilas
吉瑞克，愛德華 Edward Gierek
地拉那（阿爾巴尼亞首都）Tirana
多中心論 polycentrism
多伊徹，艾薩克 Isaac Deutcher
多米諾骨牌理論 domino theory
安全局 Securitate
安德洛波夫，尤里 Yuri Andropov
托克斯．拉茲羅 Tőkés László（姓氏在前）
托克維爾，阿勒克西．德 Alexis de Tocqueville
托洛茨基，列夫 Lev Trotsky
托斯克人 Tosks
百分比協議 percentages agreement
考納斯（立陶宛）Kaunas
考茨基，卡爾 Karl Kautsky
艾許，提摩西 Timothy Garton Ash
艾森豪，德懷特 Dwight Eisenhower
西尼亞夫斯基，安德烈 Andrei Sinyavsky
西奧塞古，尼古拉 Nicolae Ceauşescu
低盪 détente
西歐聯盟 Western European Union
何梅尼 Ayatollah Khomeini
佛朗哥，法蘭西斯科 Francisco Franco
改革 perestroika

# 名詞對照表

〈我的路〉My Way
《伊凡・丹尼索維奇的一生》*One Day in the Life of Ivan Denisovich*
《共產黨宣言》*Communist Manifesto*
《怎麼辦》*What is to be Done?*
《時代報》*The Age*
《國家與革命》*The State and Revolution*
《無力者的力量》*The Power of the Powerless*
《新階級》*The New Class*
《新聞週刊》*Newsweek*
《極權主義的專政與獨裁》*Totalitarian Dictatorship and Autocracy*
《資本論》*Capital*
《德意志意識形態》*The German Ideology*
《關於費爾巴哈的提綱》*Theses on Feuerbach*
《霸權興衰史》*The Rise and Fall of the Great Powers*
一國社會主義 Socialism in One Country
七七憲章 Charter 77
人民大會 People's Assembly
人民陣線 Popular Fronts
不結盟運動 Non-Aligned Movement (NAM)
丹尼爾，尤里 Yuli Daniel
六月宣言（兩千字宣言）June manifesto/the 2000 Words
巴蒂斯塔，富爾亨西奧 Fulgencio Batista
巴黎公社 Paris Commune
戈巴契夫，米哈伊爾 Mikhail Gorbachcv
北大西洋公約組織 North Atlantic Treaty Organization (NATO)
卡尼亞，斯坦尼斯瓦夫 Stanisław Kania
卡岡諾維奇，拉扎爾 Lazar Kaganovich
卡特，吉米 Jimmy Carter
卡斯楚，勞爾 Raul Castro
卡斯楚，費德爾 Fidel Castro
卡達爾，亞諾什 Janos Kadar
卡爾邁勒，巴布拉克 Babrak Karmal
卡藍塔，羅馬斯 Romas Kalanta
史普尼克 Sputnik
史塔西 Stasis

左岸政治 340

# 共產主義：牛津非常短講 003

## Communism: A Very Short Introduction

作　　者　萊斯利．荷姆斯（Leslie Holmes）
譯　　者　梁文傑
總 編 輯　黃秀如
策畫主編　劉佳奇
行銷企劃　蔡竣宇
封面設計　黃暐鵬
內文排版　張瑜卿

社　　長　郭重興
發行人暨出版總監　曾大福
出　　版　左岸文化／遠足文化事業股份有限公司
發　　行　遠足文化事業股份有限公司
231新北市新店區民權路108-2號9樓
電　　話　02-2218-1417
傳　　真　02-2218-8057
客服專線　0800-221-029
E-Mail　rivegauche2002@gmail.com
左岸臉書　facebook.com/RiveGauchePublishingHouse
法律顧問　華洋法律事務所　蘇文生律師

印　　刷　呈靖彩藝有限公司
初版一刷　2022年6月
定　　價　300元

ISBN　978-626-96063-2-0（平裝）
978-626-96094-2-0（EPUB）
978-626-96094-1-3（PDF）

歡迎團體訂購，另有優惠，請洽業務部，02-22181417分機1124、1135


國家圖書館出版品預行編目（CIP）資料

共產主義：牛津非常短講003／萊斯利．荷姆斯（Leslie Holmes）著／梁文傑 譯
——初版——新北市：左岸文化出版：遠足文化事業股份有限公司發行，2022.06
——面；公分——（左岸政治；340）
譯自：Communism: A Very Short Introduction
ISBN 978-626-96063-2-0（平裝）
1.CST：共產主義　2.CST：歷史
549.309　　111006289